仕事の「整理ができる人」と「できない人」の習慣

The Power of Habits Can Change Your Life.

50 Habits for Organizing Your Life Based on Management Theory

NOBUO OMURA
大村信夫

はじめに

「整理ができる人」と聞いて、あなたは何を思い浮かべますか？

自宅や職場が整理整頓されている〝物理的な片付け〟ができている人をイメージするのではないでしょうか？

でも、**本書でお伝えする「整理」は、物理的な片付けにとどまりません。**


例えば「仕事を片付ける」といいますよね？

これは「仕事をしっかりと完了させる」という意味です。

また「思考が整理されている」「心や感情が整っている」「整った人間関係」などの表現もありますよね。

本書でお伝えする「整理ができる人」とは、
職場、仕事、タイムマネジメント、人間関係、思考、感情など、あらゆることが整っている、整理できている人のことを指しています。

私は大村信夫と申します。

家電メーカーのマーケティング部門に20年以上勤務する現役ビジネスパーソンです。会社員をしながら、片付けのプロ資格である「整理収納アドバイザー1級」を取得し、多くの企業での講演や研修、職場環境改善や生産性効率に関するアドバイスをしてきました。また、キャリア形成や自己実現を支援する「国家資格キャリアコンサルタント」として、多くの経営者やマネージャー、リーダー、個人の悩みにも寄り添ってきました。

講演や研修などは多い年には１００回超、累計で３万名以上の方が受講し、平均96％以上の満足度評価をいただいています。また商業出版も本書が３冊目となります。

こういった話を聞くと私のことを、とても「整理ができる人」という印象をお持ちになったかもしれません。

しかしながら私は元々「整理ができない人」でした。

自宅はモノで散らかり、会社のデスクは書類の山でぐちゃぐちゃ。仕事も定時に終わらず残業の毎日。上司からも怒られ、人間関係も公私ともにうまくいっているとは到底言えず、将来のキャリアにも悩んでいました。

そんなとき偶然に出会った「片付け」には、自宅が整うだけでなく、人生までも整えていく本質的な「共通点」があると感じました。それを解き明かすために、当時ドラッカーの勉強会を主宰していたこともあり、片付けとドラッカーの関係性を、勉強会メンバーと紐解いて書籍としてまとめました。

これが、私を「整理ができない人」から「整理ができる人」に変えてくれたきっかけです。

『片付けパパの最強メソッド　ドラッカーから読み解く片付けの本質』
（出版社：インプレス　2020年7月発売）

おかげさまでビジネスパーソンを中心に多くの方にお読みいただき、好意的な評価も多くいただいています。（Amazonレビュー179件、★5つのうち4・1、2024年10月現在）

そして片付けの本質を追求していけばいくほど、整理できることが仕事における生産性向上や、タイムマネジメント、セルフマネジメント、思考、感情、キャリアを整えることにもつながることがわかりました。

それを、ドラッカー理論、キャリア理論、コミュニケーション理論、行動経済学や心理学、ビジネスフレームワークなどをベースにした「マネジメント理論」として、個人や企業、組織の目標達成に必要な理論や原理原則、思考としてまとめました。

そもそもマネジメントの語源は、イタリア語のManeggiare（マネジャーレ）『（馬を）てなずける』という意味です。これが英語のmanageになりました。マネジメントはmanageの名詞形ですが、そもそも動詞では「物事をどうにかしてうまくいかせる」という意味です。

本書ではマネジメント理論をもとに「物事をどうにかしてうまくいかせる」方法を、エピソードを交えながら具体的に再現性のある内容としてまとめました。その過程では、私だけでなく、100人を超えるビジネスパーソンの皆さんにヒアリングをし、実際に試してもらった結果もフィードバックしてもらいました。そうしてできたのが本書です。

本書の表紙の一番下の部分に、

「1日3分でできる、人生がうまくいく片付け方」

と書いてあります。

個人差や内容による差はありますが、一般的に1分間に読める文字数は400〜600字ほどといわれます。本書は1テーマあたり1200〜1300字ほどにまとめたので、約3分で読める想定です。

例えば、本書に書かれている1つのテーマを3分で読み、その内容によって効率化が実現され、あなたに「1日5分の時間が増える」と仮定しましょう。

1日5分ですから、1年で約30時間（1825分）の時間が増えることになります。

もしそれが20年続くなら、約600時間の時間が増えることになります。

3分の読書によって、この先20年で約600時間も時間が増えるのであれば、お得ですよね。

お金に換算するならば、時給1000円の場合、なんと60万円が得られることになるわけです。


そもそも私が「片付け」に着目したのは、「ビジネスパーソンは年間150時間探しモノをしているという調査」を知ってからでした。

探しモノは全く意味のないムダな時間です。このムダな時間を少しでも減らし、実質的に増えた時間で、「本当にすべきこと」「本当にやりたいこと」に時間を使っていただきたいと思って書いています。


本書の構成としては、前半では物理的な環境の整え方（片付けの基本、職場の整理）をお伝えしています。

「形から入って心に至る」と言いますが、**形**（**見た目**）**が出来るようになれば、本質が自然と理解できるようになると私は考えているからです。**

それを踏まえて後半では、「仕事の進め方」「思考」「感情」「人間関係」「タイムマネジメント」などの整え方をお伝えします。

本書は、「整理ができる人」と「できない人」を対比する形でお伝えしています。

あなたが「整理ができる人」でも、部下や同僚が「整理ができない人」なら、その人の思考を推察できますし、どうやったら整理ができる人になってもらえるかのヒントにもなると思います。

本書が、あなたや周りの人が「整理ができない人」から「整理ができる人」になるきっかけとなれば幸いです。

２０２４年11月　大村　信夫

目次

第2章 効率をUPする「職場の整理」編

第3章 ムダもミスもなくなる「タイムマネジメント」編

第4章 最高の結果を出す「目標達成」編

第5章 人間関係がラクになる「コミュニケーション」編

第6章 決断力・集中力UP！「思考の整理」編

第 1 章

「片付け」の基本編

01

仕事の 整理ができる人ははじめにモノを分け、できない人はとりあえず収納用品を買う。

「整理」と聞いて、最初に思いつくことはなんでしょうか？

「モノを片付けている光景」が浮かんできませんか？

ということで、まずは物理的な「片付け」の話から始めていきます。


この物理的な整理である「片付け」の基本をおさえることが、実はこのあとに述べる「仕事」「時間」「人間関係」「思考」にも繋がってくるのです。


では、片付けとは、具体的にどんな行動を、どんな手順ですることでしょうか？

私は多くの研修でこの質問をしましたが、人によって回答がバラバラでした。

回答例としては「捨てること」「もとにあった場所にしまうこと」「綺麗に並べること」

などです。印象に残っている回答としては冗談半分だと思いますが「道をつくること」。モノが散らかりすぎているため「人が通るための道をつくることが片付け」なのだそうです（笑）。

だから、例えば家族や同僚に「片付けて」とお願いしても、自分が考える「片付け」と相手が考える「片付け」が異なるのですから、うまくいくわけがないですよね。

片付けとは、**「整理」→「収納」→「維持」**のサイクルを回すことです。

「整理」：必要・不要を分けて、不要なモノは手放す
「収納」：必要なモノをすぐに取り出せるようにスタンバイする
「維持」：使ったモノはもとに戻す、モノが増えたら減らすなど

片付けは、単純な作業のように思えますが、このように大きく3つのステップで構成されています。さらに、その順番によっても成否が大きく左右されます。

特に「整理」と「収納」の順番を間違えると大変です。

片付けは「整理」からはじまりますし、この地味に思える「整理」こそが、片付けの成否の8割を握っていると言っても過言ではありません。

私は整理収納アドバイザーの勉強をする前に、自己流で片付けをしていました。

当時はテレビや雑誌、インターネットなどの片付け特集を参考にしていましたが、そこでは「収納テクニック」が多く紹介されていました。

そのため部屋の空きスペースがあれば、それにぴったり合うような収納用品を買ってきて、いかに効率的に収納するかばかり考えて、モノをしまっていました。そうすると、そのときはなんとなく部屋が片付いて見えたのです。

ですが、いくら上手に収納しても時間とともにモノがあふれていくばかりでした。

また、本を2列（手前と奥）に収納したときは、奥の本が見えなくなってしまい、探したり取り出したりするのに時間が掛かる、など、逆にストレスが増えてしまったのです。

その後、整理収納アドバイザーの勉強をしたときに、**収納から始めると、モノが増えて**

しまうことに気がついたのです。なぜなら、不要なモノを手放すことなく、そのまましまい込むと、片付いて見えるのでついまたモノを買ってしまうからです。

また収納ボックスなどの収納用品を使っても、取り出すことまで考えてないため、使いたいモノを探すのに時間が掛かることにも気がつきました。

整理から始めると、モノが少なくなるので必要なモノがどこにあるのかが一目瞭然となり、使い勝手の良い収納方法を考えることができます。

また、管理するモノが減れば、当然そのあとに続く「収納」「維持」もラクになるわけです。

このように、片付けの基本は「整理」→「収納」の順番です。

整理から始めることで、不要なモノを手放し、「モノを見える化」できるのです。

そして、必要なモノだけを収納することで、部屋がスッキリとするのです。

01 まずは「整理」で必要・不要を分けて、モノを見える化する！

02

仕事の整理ができる人は「劣後順位」を考え、できない人は「必要なモノ」を考える。

片付けでモノを整理しているとき「いつか使うかも……」と思って、結局ほとんど捨てられない、という経験はありませんか？

もともと人間には「**損失回避の法則**」という性質があります。過去に下した自分の判断に対して失敗を認めたがらず、正当化するために「いつか使うだろう」というあいまいな基準を作り上げ、結果的に不要なモノで部屋があふれてしまうのです。

それを断ち切るために「**劣後順位**《れつごじゅんい》」という考え方があります。

劣後順位とは、「**やらないことを決めること**」です。

かの有名な経営学者のピーター・ドラッカーは、この「やらないことを決めること」が重要であり、難しいと言っています。

これは片付けも同じで、モノに対しても明確な「劣後順位」を決めることで、本当に必要なモノだけを残すことができます。

私がオススメする基準は、

「1年間使わなかったモノで、使う日程が現時点で決まっていないモノは手放す」

というものです。


この1年という期間は、アメリカのナレムコ（国際記録管理協議会：National Records Management Council）の統計をもとにしています。

この統計で、作成や収集された文書のうち、半年後に利用される文書は10％、1年後に利用される文書は1％であると示されました。

つまり、**1年間使われなかった書類は、その後も99％使われない**のです。

これは書類に関するレポートですが、モノに関しても同じだというのが、私が多くの方の状況を見て導き出した見解です。

そうは言っても、「思い切って捨ててしまったけど、使うことになった。あの時に捨てなければよかった」という経験は誰にでもあります。

でも、それは「1％の偶然」です。

例えば天気予報で降水確率が1％だったら、あなたは傘を持っていきますか？

片付けも同じで、その1％に備えるために、使う可能性のない99％のモノをとっておくと、そのための収納スペースの確保や、管理工数（管理する手間）がかかってしまいます。

それって、かえってもったいない気がしませんか？

特に再購入できるモノは潔く捨て、もしたまたま使うときがあったとしたら、使っていなかった期間を数えて「〇〇ヵ月もスペースを広く使えた」と考えてみましょう。

少し余談ですが「捨てる」という言葉を使わないようにした結果、モノの整理ができるようになったという方もいます。

「捨てる」という言葉はどうしてもネガティブなイメージになり、罪悪感を感じるというのです。その場合には、「手放す」という言葉を使ってみることをオススメします。実際に「捨てる」ではなく「手放す」という言葉を使うようにした結果、モノの整理ができるようになったという方もいます。

手放すにはポジティブな意味合いがあります。とにかくモノを捨てられないという皆さんの「執着」を手放してほしいのです。

このように、整理では「劣後順位」を明確にするとモノの必要・不要を分けるようにできます。

02
「いつか使う」確率は1％！勇気を出して手放そう！

03

仕事の整理ができる人は「5S」を使い、できない人は「センス」を使う。

「私には片付けのセンスがないんです」

私の講座に来る約9割の方が、開口一番にいうセリフです。

実際、私は5人家族ですが、誰一人として片付けの「センス」を持ち合わせておりません。そのため「片付けができないのはセンスがないから」と、片付けをしない「免罪符」にしていたのです。

でも片付けをセンスだけに頼るのは危険です。

なぜならば個人の「センス」ばかりに頼ってしまうと、属人的な片付けになってしまいます。一人暮らしならまだしも、同僚や家族という組織の中では、整理された状態を維持することが難しくなります。また、向いている人が頑張るだけでは長期的な効果や持続可能な改善は期待できません。

なのでセンスよりも「仕組み化」することを考えましょう。

仕組み化とは、特定の人にしかできない状況を避けるため「**いつ、どこで、誰がやっても同じ成果が生み出せる手順や手法**」などを決め、定着させる仕組みを作ることです。

とはいえ自分で一から仕組みを作るのは難しいですよね。

そこで、職場における片付けの仕組みである「5S《ごえす》」を紹介します。

これによって職場や部屋がきれいになった状態が維持されるようになるのです。

5Sとは、「**整理**」「**整頓**」「**清掃**」「**清潔**」「**しつけ**」の5つのS（ローマ字表記の頭文字）から構成されています。これは、製造業や建設業、医療現場など「片付いていないと重大な事故が起こりかねない場所」で実施・活用されてきた日本独自の片付けの仕組みです。こんにちでは、製造業だけでなくサービス業などの多岐にわたる業界で5Sの取り組みが増えていますし、家庭でも使えます。

●**整理**（**Seiri**）：必要なものと不要なものを分類し、不要なものを処分することです。備品や書類だけでなく、データなども対象に含みます。

●**整頓**（**Seiton**）：物を置く場所や置き方、数量を最適にすることです。

●**清掃**（**Seisou**）：身の回りをきれいにしておくことです。

●**清潔**（**Seiketsu**）：整理・整頓・清掃を定期的に行い、職場を清潔な状態に保つことです。

●**しつけ**（**Shituke**）：職場をきれいに使うための意識づけのことです。教育や指導によって職場環境の整備を習慣化し、企業文化になっている状態を目指します。

引用）日本能率協会マネジメントセンター（JMAM）https：//www.jmam.co.jp/hrm/column/0139-5s-activities.html

すでにお話しした「整理」「収納」「維持」も、実はそれぞれ5Sに対応しています。

整理→5Sにおける「整理」
収納→5Sにおける「整頓」
維持→5Sにおける「清掃」「清潔」「しつけ」

やり方さえ分かってしまえば誰でもできるのが片付けです。「センスがないから……」と思い込まず、仕組みだと思ってやってみてください。
片付け以外にも、センスがなくてもできることはたくさんあると思いますよ。

03 片付けにセンスはいらない！仕組み化しよう！

04

仕事の整理ができる人は片付けを「手段」だと考え、できない人は「ゴール」と考える。

「片付けが、楽しくありません」

そう感じているあなたに朗報です。

片付けのプロである私がいうのもどうかと思いますが、「片付けそのものはあまり楽しくない」と感じる方は多いです。

それはそうですよね、片付けって、面倒なことです。

必要か不要かを考えたり、元にあった場所に戻したりと、片付けの行為ひとつひとつは地味であり、できればやりたいものではありません。

だからこそ、片付けそのものをゴールや目的にしてはいけないのです。

片付けが継続できるかどうかの鍵は、その先にある理想の状態「ビジョン」を明確にイメージできているかどうかにかかっています。

片付け終わったあと、どんな部屋にしたいのかを想像してみてください。それが「ビジョン」です。

オススメは、理想としたい生活空間のイメージに近い画像をインターネットで検索することです。それを家族や同僚と眺めながら、さらに**ワクワクする時間の過ごし方までも話し合ってみる**のです。

例えば家族となら、すっきり整ったリビングで、少し遅めに起きてみんなで朝食をとり、ゆっくりとソファーで午後に出かける予定を立てる。

職場であれば、同僚と朝からすっきり整ったオフィスで新しい企画のアイデアをワイワイしながら話している、のように。

どうですか？　ワクワクしてきませんか？

この目標達成したときの具体的なイメージが「ビジョン」です。家族や同僚とぜひ話し合って、みんなで同じビジョンを共有できれば最高です。

ビジョンを明確にすることの大切さは、片付けに限らず、「英会話」や「ダイエット」なども同じです。例えば英会話なら「構文や単語を暗記する」、ダイエットなら「食事制限や運動を実践する」わけですが、ビジョンなしでやると、たいていは三日坊主になってしまうでしょう。

ワクワクしたビジョンを描くことで、行動するための動機が高まります。さらに、挫折しそうなときに思い出すことで、「やっぱり頑張ろう!」と思い直すこともできます。そして行動するにつれて自分のビジョンに近づいていくことを感じると、自己肯定感や達成感も得ることができるのです。

この本の執筆も、非常に時間がかかって大変です。

しかし、「この本を読んで、皆さんがよりよい日々を過ごすきっかけになる」というビジョンを明確にイメージできているからこそ、多少辛くても頑張れるのです。

また片付けのプロである整理収納アドバイザーは、単にモノの整理収納だけでなく、どうありたいかという「ビジョン」を一緒に明確にしていきます。これによって整理された状態が続きやすくなるのです。

片付けはあくまでもビジョンを達成するための「手段」なのです。

04
「きれいで居心地がよくなった部屋」を想像してから片付けをはじめよう!

05 仕事の整理ができる人はスペースを8割だけ使用し、できない人は10割使い切る。

皆さんは「収納」を、どのように認識していますか？

実は「収納」について間違った認識をしており、そのせいで片付けに悩んでいる人が多いと感じています。

「収納」とは、その漢字のイメージからは「収める」「納める」と連続していて、ぎゅうぎゅうと詰め込まれている印象を受けます。

まるでゲームの「テトリス」のように、モノを隙間なく配置していく感覚でしょうか。

確かに隙間をなくせば、スペースは無駄になりません。

例えば、宅配便で荷物を送るときなら、いかに隙間なくダンボール箱の中にモノを詰め込むかが重要です。しかし、宅配便と普段の収納には、決定的な違いがあります。それは一度きりか、普段も使うかの違いです。

普段使う収納スペースに、モノを10割で収納すると、たとえスペースは無駄にならなくても、どこに何があるかを思い出したり、取り出したり、収納したりするのに手間がかかるようになり、時間もかかってしまいます。

そして収納スペースから溢れたモノが、床や椅子などに乱雑に置かれるようになります。

そもそも収納の目的とは、

「使わない物をしまい込むこと」ではなく、

「モノを次に使うときに使いやすいように配置しておくこと」なのです。

しまい込むのではなく**スタンバイをすることが収納**です。

そのためにも収納スペースは7～8割を目安に使用し、2～3割は残すようにしましょう。

先日、片付けがうまくできない方のご自宅に訪問しました。

そうすると収納効率を最大限にするために、家中のモノがスキマなく収納されていたのです。

例えばキッチンでは、よく使うフライパンを、他のフライパンと一緒に重ねて収納していました。フライパンを取り出すときに、重なっているフライパンを一度取り出して脇においで、そのフライパンを取り出し、そして一旦脇においた他のフライパンをまた元の場所に戻すということをしていました。もちろん、しまうときも同じことを繰り返します。

フライパンを重ねることで収納効率は良くなりますが、使うときやしまうときに、かえって手間がかかってしまい、時間効率を大幅に悪くしていたのです。

これだと本末転倒ですよね。

この場合は、よく使うフライパンだけで収納し、すぐに使えるようにスタンバイの状態にします。例えば、壁面にフックをつけてフライパンを吊り下げたり、フライパンスタンドやファイルボックスを置いて「立てる収納」にするなどです。

そして使用頻度の少ないフライパンはまとめて他の場所に収納するのです。

また、モノを詰め込みすぎていると、モノ同士がこすれたり、くっついたりして摩擦や圧力が加わって痛めてしまうこともあります。カビが発生する原因にもなりますので詰め込みすぎは良くないのです。

そういう私は、今日のお昼にラーメン&チャーハンセットを頼んでしまい、胃の中が10割で苦しいです。腹8分目という言葉も同様ですね。

何事も詰め込みすぎは良くないですね(笑)。

05 収納とは「詰め込む」ではなく「スタンバイさせる」こと!

06

仕事の{整理ができる人は / できない人は} モノを「置く時」に片付け、「置いてから」片付ける。

さて問題です。

「モノが散らかるのは、どの瞬間でしょうか？」

そもそもモノは、風で飛ばされるなどがない限りは、自分で動いたりすることはありません。モノが散らかるのは、人が動かしたり、モノを増やした瞬間ですよね。

このような原因を意識するだけで、「散らかる」ことは劇的に少なくなります。

私が尊敬する男性の片付け業界の先駆者である「かたづけ士」小松易さんから教わったことがあります。

それは、**「置く」**を意識することでした。

なぜならば、**モノを置いた瞬間に「整う」か「散らかる」か、が決まる**からです。

モノをその辺に「雑に」置いてしまえば、それまで綺麗だった場所もモノで散らかってしまいます。逆にモノを本来収納すべきところに「意識して適切に」置けば、整った状態を維持できます。

そもそも「置く」という行為は、生まれてから今までに何十万回とやっていますが、ほとんどの方が無意識にやっているのではないでしょうか。

ちなみに、この「置く」を意識しなかったことで、我が家では大事件（事故）が起きました。

小学生だった子どもが、学校から帰宅したときに、玄関に習字セットを「適当に」置いたのです。

ちなみに習字セットには、「文鎮《ぶんちん》」や「硯《すずり》」などの重量物で構成されていて、大きさの割には質量があります。それもあってか、帰ってすぐに玄関に適当において、そのまま遊びに行ってしまったのです。

そこに帰宅してきた妻、まさかそんな書道セットが置いてあるとは想定しておらず、靴を脱いで玄関に上がった瞬間、その習字セットに足の薬指をぶつけてしまいました！

「(グキッ) ぎゃー！！！！」という断末魔のような叫び声、隣人の方がびっくりして駆けつけるほどでした。

薬指を骨折、そこから約２週間の松葉づえ生活……本当に大変でした。

そのことがあってからも、子どもは未だに適当にその辺にモノを置くこともありますが、「習字セット」だけは、ちゃんと部屋の決められた場所に置くようになりました(笑)。

このように、片付けは、身体の危険にもつながることがあるので疎かにできませんよね。

「置く」を意識するためにオススメの方法があります。

・目につくところに「『置く』を意識する」「床には置かない!!」などと貼っておく

・家族同士でお互いに声を掛け合う

・置くときに「ここに置く」のように声を出す
・インテリアとしてグリーンなどを置いて、そもそも置けないようにする　など
さてあなたが、次に「置く」のは、多分「この本」だと思います。
その際に「どこに置くか」が、整えられる人への分かれ道かも知れません。

06 片付けは「置く」瞬間にはじまっている！

07

仕事の整理ができる人は思い出を「データ」で取っておき、できない人は「モノのまま」取っておく。

いつまでたっても手放すことのできない「思い出の品」はありませんか？

例えば、賞状、メダル、トロフィー、子どもの作品、人からもらったお土産、のような、普段は使わないけど思い入れのあるモノです。

「どうしても捨てにくくて悩んでしまう」という相談がよくあるのですが、私は「無理に処分する必要はないですよ」と答えています。

その思い出の品があることで、**自分の気持ちがプラスになるのであれば普段使っていなくても必要なモノ**です。処分してしまったら買いなおすこともできません。

なので、収納スペースが十分にあるのなら、ぜひ保存しておいてください。

しかし、思い出の品はどんどん増えていきます。そして収納スペースにも入りきらなくなると、手放さなければと葛藤してしまいますよね。

その時は、**データに変換して保存し、物理的には手放すこと**をオススメしています。

・スマートフォンやデジタルカメラで写真を撮り、画像データとして保存する

・賞状などはスキャンして、文書データとして保存する

私がこの必要に迫られたのは、子どもが保育園や学校で作った作品が収納スペースからあふれはじめたときです。

わが子が一生懸命に作った作品ですから、親としては取っておきたかったのです。でも3人も子どもがいて、毎週のように作品を持って帰ってくると、どんどんモノが増えてしまい、収納スペースにしまいきれなくなりました。

思い出の品は普段使わなくても良いモノですから、それ自体に機能的な価値はほとんどありません。

極端な話、もしその作品が、ご自身のお子さんではない知らないお子さんのだったら、

取っておくでしょうか？

大切なのはモノではなく、思い出なのです（昔、乗用車のキャッチコピーにも「モノより思い出」というのがありましたね）。

思い出（情景や感情など）を想起することができるのであれば、実態のあるモノでなくても良いのです。

ポイントとしては、単純に作品だけを綺麗に撮影するのではなく、**その作品と並んでドヤ顔しているお子さんの写真や、その作品で遊んでいる写真を残す**ことをオススメします。そのほうがより、その時の情景や感情を想起できるようになります。

先日、大学生の娘が部屋の大掃除をしていた時に、保育園の時の作品を見つけました。それはデータに残してなかった思い出の作品です。

それも撮影し、娘の作品のフォルダに保存したのですが、その際に他の作品の写真データを見返してみました。当時の情景が思い起こされ、娘と一緒に懐かしい時間を過ごすことができました。

物理的なモノのままだと、それを見るためにわざわざ取り出すのも大変です。データにしておけば、色褪せたり壊れたり、紛失することもありませんし、すぐに検索することができます。

先日、30年ぶりに高校の同窓生が集まる機会がありました。高校の卒業アルバムは手元になかったのですが、以前にスキャンしてデータ化していたので、昔の思い出を同窓生とみることができ、当時の情景を思い出しながらとても盛り上がりました。そのままクラスのグループLINEに、同窓生の高校時代と現在をBefore/Afterでシェアできたのも良かったです。

これもデータ化したからできたことですね。

07 思い出の品は、モノにこだわらずデータとして残そう！

08

仕事の 整理ができる人は「朝片」をし、できない人は「まとめて」片付ける。

あなたは職場や自宅の片付けを、いつやっていますか？

職場では「棚卸や年末大掃除で」、自宅では「休日にまとめて」という方も多いと思います。

しかし、整理ができる人は、日常の「**スキマ時間**」を活用して片付けをします。

自動車メーカーのトヨタでは、片付けは「仕事そのもの」であると言っています。トヨタで働く人は、片付けを日々の習慣にするために、例えば「始業開始から3分間は片付けタイム」など日常業務に組み込んでいるとのことです。

日々の業務や家事の合間や、ちょっとした休憩時間など、短い時間でも毎日継続して片付けをすることで、習慣化されて、意識しなくても職場や自宅を片付いた状態に保てるようになります。

そうはいっても忙しい、という方は、**他の行動とセットにして、1回3分の片付けを1日に5回すること**を目指しましょう。

そうすれば1日で合計15分間片付けしていることになります。15分とは1日の時間の約1％に相当します。どんな忙しい方も15分という時間は捻出できると思いますし、これをやるだけで職場や部屋が常に整理されるようになります。

ちなみに私の場合は、業務の切り替えのタイミングで片付けをします。デスク周りを片付けて環境をリセットすることで、頭のリセットにもつながるからです。

また「お昼休みに入る3分前」と「帰宅する時の3分前」にもやります。そうすれば、ゴミなどをそのまま捨てることができるからです。

そして、片付けそのものを習慣づけするためにも、ご自宅で取り組んでいただきたいことがあります。それは朝のスキマ時間に片付けを習慣化する「**朝片**《あさかた》」です。

こんな話を聞いたことありませんか？

「成功者は朝、ベッドメイキングをする」

忙しい朝に、あえてベッドメイキングをすることによって、小さな成功体験を実感することができます。

一見、たいしたことのないように思えるかもしれませんが、ベッドメイキングをすることで、「今日もベッドを整えることができた！」という「自分で決めたことをきちんとできた感覚」を、1日のはじまりに体験することが大事なのです。

成功者はこのような小さな成功体験を毎朝ルーチン化させて、1日を気持ちよくスタートするという話です。

そこから私がヒントを得たのが「朝片」です。

これは朝の時間帯に、ベッドや洗面所などの**生活導線になる場所を集中的に片付け**ることです。もちろん朝は時間があまりないので、こちらも3分と決めます。

そして**タイマーをかけて一気に片付ける**のです。

時間が限られているので、かなり集中して片付けができます。

そして思った以上に綺麗になるので、帰宅した時も片付いていて気持ちよいのです。

ベッドメイキングと同様に、小さな成功体験を実感できますので、その日を気持ちよくスタートできますし、習慣として定着しやすくなります。

もちろん一人でも良いですし、同居されている方とやればその分効果は倍増します。

明日の朝、さっそく試してみませんか？

08 片付けを「スキマ時間」にこまめにやる習慣を持とう！

09 仕事の 整理ができる人は相手の判断に任せ、できない人はアドバイスをする。

片付けを一緒にする相手に対して

「これは捨てたほうがいいんじゃない?」

「これはあとで使うかもしれないし、取っておいたほうがいいよ」

みたいなアドバイスを、良かれと思ってしていませんか?

あるご家庭に片付けのサポートで伺ったときの話です。

ちょうどお子さんが幼稚園から小学生になるタイミングで、ランドセルや教科書なども増えるため、部屋の模様替えをしたいというご依頼でした。

その子はAちゃん。

あいさつもしっかりとできる笑顔のかわいいお子さんでした。弟が生まれて、お姉ちゃんとしての自覚が出てきて、急に「しっかり」してきたそうです。

まずは部屋中のモノを一か所に出して「いる」「いらない」という整理をはじめます。

「これはいる」

「これはいらない」

と、Aちゃんは迷うことなく、どんどん整理をしていきます。

いろいろと考えてしまう大人よりも子どものほうが、スパッとモノを捨てることができるんだなと感心してみていました。


そして、Aちゃんがあるおもちゃを捨てようとしたときです。

急にお母さんが、

「これはおばあちゃんが買ってくれたばかりなのだから、まだ取っておきなさい！」

とアドバイス（というより指示）してしまったのです。


そうするとAちゃんは困ってしまいました。

Aちゃんとしてはいらないのに、なんで捨ててはいけないのかと……

そこからAちゃんは、もう嫌だと言って、片付けをするのをやめてしまいました。

この指示は、あくまでもおばあちゃんの気持ちを察した「お母さんの価値観」です。その価値観をAちゃんに押し付けてしまったがために、Aちゃんのやる気までも失せさせてしまったのです。

どうしても捨てられないというのなら、Aちゃんではなくお母さんがそれを所有すべきなのです。

まさにこのような価値観の押し付けはやめるべきなのです。

「私はこう思う」と伝えて判断を相手に任せるまでは良いとしても、**「こうしなさい」など指示するのはやめたほうがよいでしょう**。

このように価値観の押し付けを繰り返すと、相手にとってはストレスになって、関係性まで悪くなってしまいます。

09 相手の価値観を尊重しよう！

大事なのは、相手の「価値観」を尊重することです。

これは職場の片付けでも同様です。

このように片付けは、相手の価値観を理解するためのコミュニケーションでもあります。相手に自分の価値観を押し付けるのではなく、相互理解・尊重が大事なのです。

10

仕事の
整理ができる人は街に収納し、
できない人は自宅にすべて収納する。

特売で大量にトイレットペーパーを購入して、置き場所に困った経験はありませんか？

整理ができる人は、実は自宅の収納スペースに固執しません。**街全体を倉庫（モノを保管する収納スペース）として考えます**。

そうすると、自宅のモノが減るので、生活空間がすっきりとし、モノの管理がラクになります。

例えば、トイレットペーパーなどの消耗品は、自宅の収納スペースに大量に保管するのではなく、必要な時にドラッグストアやスーパーなどで購入しましょう。

以前、私が片付けのアドバイスをしに、ある方のご自宅に伺った時の話しです。

その方はモノが多いのが悩みということでした。

収納スペースを拝見したところ、ディスカウントストアで特売の時に大量に購入したトイレットペーパー、ティッシュペーパー、ペットボトル、キッチン用品などで多く占められていたのです。

そして収納スペースが足りないということで、外部のレンタル倉庫を借りていましたが、月に５０００円かかっているという状況でした。


ディスカウントストアの特売で大量購入して節約したいという気持ちはわかりますが、レンタル倉庫代ほどの節約になっているでしょうか？　もちろんレンタル倉庫を借りていないという方も多いと思いますが、少なくても収納スペースにモノが大量に押し込まれている状況は避けたいですよね。

なので街全体にあるお店とうまく付き合うことが重要です。


そうはいっても「急に必要になったらどうしよう」という不安から買い込む人もいると

思います。

その場合は、実際にどのくらいの頻度で必要になったか検証してみましょう。もちろんゼロではないと思いますが、その頻度が年に数回程度であれば、そのために使わないモノを収納しておくほうが、気持ち的にもコストの面でも、もったいないと思いませんか？

「街全体を倉庫とする」という概念が持てると、自分が所有しなければならないという感覚が少なくなっていきます。

さらに**街を「自宅の拡張空間」という発想にしていくと、自宅には最低限のモノだけとなり、ゆとりのある生活を送れるようになります。**

例えば本棚、これを図書館と想定してみてください。

大量の書籍のうち、よく読む書籍は自宅に保管しても良いですが、そうではないものは図書館を自宅の拡張本棚だと考えるのです。

このように、個人専用のモノを個人の自宅だけですべて揃えようとせず、自宅の拡張空間として街を捉えていくという発想です。

この発想は、シェアリングエコノミー（消費者がモノや場所、スキルなどを必要な人に提供したり、共有したりする新しい形態の考え方）にもシフトしていきます。

5人家族の我が家は、よく遠出をするためにミニバンを所有していました。数年前に、思い切って自家用車を手放し、カーシェアリングを利用するようにしました。よほど不便になるかと思いきや、予約を取るのに苦労することが時々ある程度で、コストは大幅に削減できました。他にもレンタル自転車なども活用しています。

自宅に確保する最低限のモノ（災害時の備蓄もありますね）と、多くのシェアが可能なモノをバランスよく使うことで、地球環境にも良い影響が期待できることでしょう。

10 最低限のモノを都度手に入れるようにする！

第 2 章

効率をUPする「職場の整理」編

2

11 仕事の整理ができる人は触り心地でカバンを整理し、できない人はバッグインバッグを使う。

仕事で毎日使っているカバンの中は整理されていますか?

例えば帰宅したとき、玄関で鍵をスムーズに取り出すことはできますか?

カバンの中でモノが行方不明になる最大の理由は、ずばりモノが多いからです。

あなたのカバンの中には何が入っているか、少し思い出してみてください。

財布、携帯電話、鍵、定期、社員証、名刺入れ、ヘッドフォン、充電器、ハンカチ、ティッシュ、手帳、ペン、化粧ポーチ、ハンドクリーム、リップ、目薬、絆創膏、水筒など……

これだけ大きさも重さもバラバラだと、カバンの中で迷子になるのも無理もありません。

持ち歩くモノが少なければ、おのずとカバンの中も良く見えて、行方不明になりにくくなりますが、いざというときの為に持ち歩いているもの、ありますよね。

持っていないと不安になるモノや、持っていることが当たり前なモノまで減らす必要はありません。

カバンの整理のために「バッグインバッグ」を使う人もいます。

バッグインバッグとは、バッグの中身を整理することを目的としたバッグの中に入れるバッグのことです。バッグインバッグの中には多数のポケットがあり、バッグの中身の位置を定位置にすることで整理ができます。このポケットには定期券、このポケットには鍵、このポケットには携帯電話……と、バッグインバッグを利用すれば、モノを入れる場所がある程度決まり、行方不明になりにくくなります。

しかし、実はこれは必ずしもベストな解決策ではありません。

なぜなら、バッグインバッグは「仕切り」としての役目が多く、各ポケットにどんどんモノを入れてしまいがちだからです。

そして、忙しいビジネスパーソンは一度カバンからモノを出したら、そのままカバンにポイっと入れてしまうことも多いです。

そうしたら、せっかく朝はわかりやすく収納したバッグインバッグの中も、いつのまにか上からどんどんモノが詰まれ、結局は単に重なってしまっただけになります。

そこでオススメなのが「**手触りの違うポーチを用意する**」ことです。モノをカテゴリーに分けて、それぞれポーチなどに入れます。

例えば手帳と筆記用具はたいていセットで使うので、100円ショップのチャック付の袋に入れる。目薬やリップ、絆創膏などは衛生用品として布の巾着に入れる。化粧ポーチはふわふわの手触りのポーチにする。鍵は革のキーケースに入れる。ヘッドフォンと充電器はクッション性のある袋に入れるなど。

そうすると、**目で確認する必要なく、手触りだけで必要なものを取り出すことができる**ため、探しモノに時間を取られることがなくなります。

またカバンの中身は、カテゴリー分けされたポーチに集約されるので、選択肢がポーチの数だけになります。そうすると、見つけやすくなり、結果として探しモノも減るというわけです。

そして、毎日帰宅したらポーチ以外でカバンに入っているものをチェックしましょう。いらないものはありませんか？

不要なレシートなどは捨てましょう。溜まるとまたカバンの中がぐちゃぐちゃになってしまいますので。

11 ポーチで管理すると自然にモノの数が減っていく！

12

仕事の整理ができる人は「保管」と「保存」を区別し、できない人はすべて保管する。

ちょっと自分のデスクを見てみてください。

書類がたまってしまっている方、いらっしゃいませんか？


以前、ある職場を見せていただいた時の話です。

10人ほどの職場ですが、Aさんの机だけが特に散らかっていました。

Aさんは書類の整理が苦手だということで、机の上は右も左も書類の山、さらには机の下までも書類が積み重なってしまいました。


どうしてこんなに書類がたまってしまうのかを聞いたところ「いつか必要になるかもと思って書類を捨てることができない」ということでした。そして書類を探すのにも時間がかかり、行方不明になることもよくあるそうです。

なぜAさんの机はこんなにも書類であふれかえってしまうのでしょうか？

それは、「保管」するものと「保存」するものを区別していないからです。

そもそも「保存」と「保管」の違いを意識したことがありますか？

同義語として捉えている人が多いと思います（私もそうでした）が、実は違いがあります。

●保管：必要なときにすぐに取り出せるように「一時的に」しまわれている状態

●保存：日常的に使うことがなく、重要ではあるが、緊急性は低いので書庫や倉庫などにしまわれている状態

「保管」と「保存」を区別して収納することで、デスクの上・袖机・キャビネットが格段に使いやすくなります。

・「**毎日／週に一度**」使う書類　↓「**保管**」
・「**月に一度**」使う書類　↓「**保管**」or「**保存**」
・「**四半期／年に一度**」使う書類　↓「**保存**」

「**保管**」は**すぐ取り出せるように袖机《そでづくえ》などのデスク回りへ**。

「**保存**」は**キャビネットなどの書庫へ**。

「月に一度」使う書類は、ご自身のスペースにあわせて「保管」でも「保存」でも良いと思います。


もちろん前提として「破棄」することはできないかをまずは考えてください。

また、個人情報や企業機密が記載されている書類は、どんなに頻繁に使うにしても、必ず施錠できる書庫などに収納してから帰宅しましょう。


私のアドバイスを受けて、Ａさんはデスクの整理を始めました。

まずは袖机。ここには今ではＰＤＦで確認できるマニュアルなどが入っていました。これはもうあまり見ないので書庫へ。これだけで袖机には多くのスペースが生まれました。

デスクの上に山積みとなった書類を整理するのは一苦労。「もう絶対使わないな」という書類も出てきました。

なんとかデスクの上の書類をすべて片付けると、Aさんのデスクの上には電話、メモ帳とペン立て、書類を入れるボックスだけになりました。

Aさんはその後も「保管」と「保存」で書類を片付けられるようになり、書類の紛失もなくなり、書類を探す時間も各段に減りました。そして残業も減ったのです。

またキレイなデスクだとやはり気持ちがいいのか、機嫌もよく、すっきりとした表情になったということです。

12 書類は使う頻度で収納場所を変えよう！

13

仕事の整理ができる人は書類をタテにしまい、できない人はヨコにしまう。

さて問題です。

「ビジネスパーソンは1年間で仕事中に何時間ほど書類を探しているでしょうか?」

答えは「約80時間」（コクヨ調べ）。

ちなみに厚生労働省の調査によると、2023年の日本の平均年間総実労働時間は1636時間です。なんと労働時間の約5%が、探しモノという全く生産性のない行為に費やされているのです。

「書類整理は仕事ではない」と思っている方もいますが、書類の整理を怠ると、業務効率の悪化だけでなく、情報漏洩などの経営問題にもつながります。

そもそも書類をしまうとき、タテにしまいますか？　ヨコにしまいますか？

タテにしまう、というのはクリアホルダーに入れた書類をボックスファイルに入れて立てるイメージです。ヨコにしまう、というのは書類を平積みにするイメージです。

ヨコにしまうと、書類はせまいスペースに際限なく重ねられます。

しかし、デメリットが多いです。

・必要な書類を取り出すのに時間が掛かる
・たくさんあることで他の書類と混じり紛失するリスクが高くなる
・クリアホルダーに入れて重ねている場合など滑りやすく雪崩の危険あり

書類はタテにしまいましょう。

具体的な保管方法は簡単です。

①書類をクリアホルダーに入れる

②そのクリアホルダーをボックスファイルに立てる

クリアホルダーとは、２枚のプラスティックシートの間に書類をはさむだけで、手間なくまとめられるものです。おおむね透明のものが多く、厚みはペラペラのものからしっかりしたものまで様々です。

ボックスファイルとは、Ａ４サイズがぴったり入る、幅10㎝程度のものが一般的な、書類を収納するための箱です。

その日使う書類を、机の上に置いたボックスファイルに「タテ向きに立てて」入れましょう。これだけで、書類が整理されて仕事の効率があがります。

また私は、**クリアホルダーの色を分ける**ことでも分類をしています。

赤：すぐに処理しなければならない書類
青：完成して提出する書類
透明：上記以外の書類

もちろん見出しをつけるやり方もありますので、各自で検索性があがる方法を試してみてください。

帰宅するときに、そのボックスファイルに立ててあるクリアホルダーの書類を袖机にしまうだけで、デスクの上もきれいになります。

なお、この時にも、

「そもそもこの書類は必要か？」

「職場の書棚に置くなどの共有化（センターファイル化）ができないか？」

「電子化できないか？」

という、減らすための視点を忘れないようにしてください。

13 書類はボックスファイルに入れてタテで管理する！

14

仕事の整理ができる人は捨てにくいものは迷い箱に入れ、できない人は引き出しにしまう。

処分するかどうか、判断しにくいものってありますよね。

整理ができる人は、処分する／しないの判断に迷ったら、**無理にその場で判断をせずに一旦「保留」にして、しばらく決断を先延ばしにします**。無理に捨てることで心がざわついてしまったり、罪悪感を持ってしまったら本末転倒だからです。

特に片付けでは、あなたにも経験があると思いますが「決断疲れ」が起こります。決断疲れとは、意思決定を繰り返すことによって、正確な決断が出来なくなる状態のことを言います。片付けでは、一度に短時間で多くのモノに対して「処分する／しない」の判断をします。なので判断を一旦保留することで決断疲れを回避し、結果的に自分が納得できる判断ができるのです。

ただし、「保留」といっても、「迷い箱」に入れて一定期間様子を見るのか、「引き出し」にしまい込むかで大きな違いがあります。

「**迷い箱**」とは、その名のとおり、**捨てる判断に迷ったモノを一時的に保管する箱**です。適当なサイズの箱を用意し、箱に「迷い箱」とラベルを貼り、**アクセスしやすく、目立つ場所**に置いておきましょう。

そして箱の中を定期的に見直すことが重要です。見直しの際に、本当に必要かどうかを再評価することで、不必要なモノを整理しやすくなります。

また「迷い箱」を使用することで、捨てにくいモノがデスクや引き出しを占拠するのを防げます。これにより、作業スペースが確保され、仕事の効率があがります。

一方で、捨てる判断に迷ったモノを「引き出し」にしまい込むと、引き出しの中がすぐにいっぱいになり、他の必要なモノを収納するスペースがなくなります。

結果として、デスク周りが散らかりやすくなります。

また、そのまま忘れ去られてしまうことが多く、定期的な見直しが行われなくなります。これにより、不必要なものが溜まり続け、モノを整理することが難しくなります。あなたも、引き出しにモノがいっぱい過ぎて、本当に必要なモノがなかなか見つからなかったという経験はありませんか（そして賞味期限切れの古いお菓子が出てくるなど……）？

迷い箱を作るときは、入れておく期間を設定することが重要です。その際には、設定した期間も「○月○日まで」のように迷い箱に目立つように記載しておくことをオススメします。およそ1ヶ月から3ヶ月程度が適当です。

設定した期間が経ったら、迷い箱の中身を見直し、本当に必要なものかどうかを判断します。

ちなみにこの「迷い箱」は、すぐに用途がないけれど、捨てるには忍びないというモノばかりです。誰かが使ってくれるなら手放すことができるモノも多いと思います。

私の友人は10名ほどの会社を経営していますが、この「迷い箱」を「ご自由にお持ちくだざい箱」にして、職場の片隅においています。

もし他の社員が使ってくれれば良いですし、誰からも使われないモノは、自他共に不要という判断をされたのですから手放しやすいですよね。

さらに会社で不要と判断されたモノは、写真を撮ってSNSなどで欲しい人を募ったりするそうです。それがきっかけで会社まで取りにくる際に、ビジネスの話まで発展したこともあるそうです。まさに「無用の用」ならぬ「不要の要」となった事例ですね。

14
無理に決断しようとせず、一定期間「迷い箱」で保留する！

15

仕事の整理ができる人は職場の一部で片付けを始め、できない人はみんなで一斉に片付けをする。

あなたは、職場の片付けをどのように推進したら良いと思いますか？

社員全員で一斉に片付けをする、ということが多いかと思いますが、私がオススメするのは、**片付けを職場の一部で実施し、その状況を踏まえて全体に広げていく方法**です。

まずは数名程度でよいので、リーダーも一緒になって片付けをしていきます。

そうすると問題点や解決方法も発見しやすく、それをもとに最適なルールを作り上げていけるのです。

そのうえで、片付けのルールを全体に展開していくのです。

ある従業員30人ほどの会社では、社長が片付け（5S）の効果に着目し、トップダウンで片付けをするように全社員に指示を出しました。

社員の中で、片付けが比較的得意なAさんが、5Sを導入するためのリーダーとなり、職場全体で一斉展開することにしました。


リーダーのAさんは、片付けのルールを作って全社員にお願いしましたが、なかなかうまくいきませんでした。

例えば、棚の位置や備品の管理方法で意見が分かれてしまい、うまくまとめきれなかったのです。30人を一斉に動かすことは難しいということですね。


そんな中、工具を入れるケースに、その工具の名前を書いたラベルを貼るという作業がありました。

リーダーAさんと担当者で作業をすることになりました。

この備品は、基本的には担当者が使うことがほとんどです。

しかし良かれと思ってリーダーのAさんがラベルをどんどん貼ったのです。

その後担当者は、徐々にラベルを気にせずに、片付け前と変わらない場所に工具をしまうようになりました。

しかし、いくつかの工具だけは、ラベルの名前と一致したケースにしまっていたのです。

よく観察してみると、そこは担当者自身がラベルを貼ったケースだったのです。

これは「**一貫性の原理**」という心理的な効果で説明ができます。

要するに、自分でラベルを貼ることにより、この工具はこのケースにしまわなければいけないということを自分で認識するわけです。人には**「自分が決めたことは自分でやろうとするという心理的な効果」が働く**のです。

結果として一斉導入は難しかったのですが、このように小さな工夫を見つけられたのは収穫でした。

一方で、職場の一部で実施し、それを踏まえて全体に展開することで、働き方まで変化できたケースがあります。

同じく従業員が30人ほどの会社ですが、日中は営業担当がほとんどいないオフィスをみた経営者がフリーアドレス制を導入することを決めました。

フリーアドレスとは固定席を持たずに、空いている席やオープンスペースで働くワークスタイルであり、個人の書類や文房具はロッカーに保管します。

今まで実施したことがなかったので、まずは管理部門のメンバー5人でトライアルをしながら課題などを解決したうえで、全社員に展開しました。

そのおかげで大きな混乱もなくフリーアドレスに切り替えることができたのです。

片付けは、自宅もそうですが、小さくはじめて、大きく育てるのがよさそうです。

15 先に少人数で試して、問題点を発見・解決しよう！

16 仕事の整理ができる人は名刺をデータ化し、できない人はファイリングする。

あなたは、いただいた名刺をどのように管理していますか？

ビジネスシーンにおいては、名刺交換が当たり前のように行われます。

ビジネスは名刺交換からはじまるといっても過言ではありません。

そのいただいた名刺をどう管理するかで、その後のビジネスの展開が大きく左右することもあります。


私も名刺を持って20年以上たちますが、数万人と名刺交換の機会に恵まれました。

はじめは名刺交換が、自分がなんだかレベルアップしていくような感じがして嬉しくて（もちろん今でも嬉しいですよ！）、いただいた名刺を名刺ホルダーに入れて丁寧に管理していました。

しかし、名刺が大量にたまっていくと、
・必要な名刺を探し出すのに時間が掛かる
・外出先などで確認できない
・大量の紙である名刺を保管するスペースを確保する必要がある
など、名刺の管理・活用に課題を抱えていました。
そんなときに、名刺をデータ化するサービスがはじまり、これを利用することで一気に解決したのです。

大事なのは、物理的な名刺そのものではなく、そこに書かれている「情報」なのです。
データ化することで名刺を紙で管理していた時の不便さがなくなりました。
さらに、いつでもどこでも確認できるようになって、業務の効率が向上したのです。

私は、いろんな交流会などで名刺をいただくことが多いのですが、以前に名刺交換した方と同じ会社の方と偶然にも名刺交換した際には（以前名刺交換した方の会社は覚えていたけど、名前が思い出せない）、ちょっとお時間をもらって**会社名で検索する**ようにしています。

そうすると、同じ会社の方々をすぐに見つけることができます。

同じ会社ということは、目の前の方ともお知り合いの可能性がありますから、

「先日、同じ会社の○○さんとお会いしまして」

とデータ化された名刺を見せると、

「あ、○○は、私が新人のときにお世話になった先輩です！　偶然ですね、明日ちょうど打合せがあるので、大村さんにお会いしたこと言っておきますね」

と、人とのご縁がつながっていく可能性が高くなります。

また、私はいただいた名刺を可能な限り**その日のうちに、遅くとも翌日には名刺管理ソフトでスキャンしてデータ化しておきます。**

なにが良いかというと、データ化されているので、わざわざ**メールアドレスを打ち込む必要がなく、すぐにお礼のメールを書くことができる**のです。

名刺管理ソフトを使う前は、メールアドレスなどを手で打ちこんでデータ化していたので、その手間もなくなり、すぐにメールすることができるようになったのです。

なお名刺に記載された情報は個人情報に該当するため、名刺管理ソフトを使用する際は法律の遵守が求められます。

所属する会社のルールを確認したうえで使用してください。

16 名刺はデータ化して、検索機能で人と人とのつながりを見つける！

17

仕事の整理ができる人は5Sタイムを設定し、できない人は散らかった時に片付ける。

あなたの職場では、片付けをする時間が設定されていますか？　それとも年末の大掃除や、職場の移転のタイミングしか、片付けをしていないという状況でしょうか？

職場が片付けられていない、整理されていないと問題があります。

●作業の中断と時間の浪費

散らかった状態を放置しておくと、作業の途中で片付けをする必要が生じ、作業のリズムが妨げられます。また、散らかった状態が続くと、必要な情報や資料を探す時間が増え、生産性が低下します。

●ストレスと集中力の低下

散らかった作業環境は、見た目が乱れているだけでなく、心理的なストレスを引き起こす原因にもなります。そして集中力が低下し、業務の品質や生産性が低下します。

●イメージと信頼性の低下

散らかった環境は、他人に対しても良い印象を与えません。特に顧客などが訪問した際に机の上が乱雑になっていると信頼性が低下します。

ですから、散らかる前に片付けるのが理想です。

職場の片付けは5S（28ページ）「しつけ」の部分に関連しています。

この「しつけ」のポイントは、5Sを習慣にし、無意識にできる状態にすることです。

そのためには、5Sを実施する**「5Sタイム」を設定する**ことが有効です。5Sタイムとは**毎日同じ時間に、清掃を含む5Sを行う**ことです。

そうはいっても長時間やる必要はありません。

毎日ほんの3分でもよいので、職場全体で「5Sタイム」を設定します。その3分間は、毎日の業務の一部として、決めた時間帯を使って机の上や文書の整理・整頓を行います。

なお、仕事あがりに5Sタイムを設定する時も、終業時間の直前ではなく30分〜1時間ほど前に設定したほうがよいでしょう。

なぜなら終業時間が近くて急いで5Sをすると、片付けそのものが雑になるなどして、ミスも起こりやすくなります。

また、片付けをすることで忘れていた仕事（書類）なども出てくることもありますので、それをリカバリーするためにも時間の余裕はあったほうが良いのです。

職場全体で設定されていない場合は、個人で時間を設定するようにしましょう。

私は、毎日14時ごろに5Sタイムを設定しています。

なぜその時間かというと、ちょうど昼食後で眠気が起こるタイミングだからです（笑）。

机やその周りを片付けることで眠気も軽減し、リフレッシュすることができるのです。

もちろん気持ちだけでなく、物理的にも机の上がスッキリとし、業務に集中できるようになります。また同僚に対しても良い印象を与えます。

このように、散らかったときだけにいっぺんに掃除するときに発生しがちな問題も解決するのです。

17 整理ができる人は、片付け（5Sタイム）をあらかじめ設定する！

18

仕事の
整理ができる人はモノをシェアし、
できない人はモノを占有する。

あなたは、文房具や備品を、どのように管理していますか？

業務がデジタル化されてきた時代とはいえども、ボールペンやクリップなどの文房具や備品はいまだに必要です。

私が片付けにおいてまずお伝えしているのは、「モノをなるべく減らすこと」です。

そのために、文房具や備品は、なるべく自分専用のモノを持たず、**シェア（共有）する**ことをオススメしています。

オフィスでは、複合機・プリンターなどの高価で大きいモノは共有しているケースが多いと思いますが、文房具や備品はどうでしょうか？

もちろん、あなたが頻繁に使う文房具（例えばボールペンやクリップなど）は自分専用でよいと思います。頻繁に使うものまで無理に共有してしまうと、それを取りに行ったり戻したりなど、逆に効率が悪くなってしまう可能性があります。

しかし、あなたが自分専用として所有しているモノで、月に数回も使わないような文房具や備品はありませんか？

そのような使用頻度の低いものに関しては、**積極的にシェアして、自分の手元からなくしましょう**。そうすればあなたの文房具や備品の保管スペースもなくなり、必要なモノも見つけやすくなります。

そして会社全体での文房具や備品が減るのですから購入費の削減、保管場所の削減、環境への負荷軽減にも貢献できるのです。

さらにモノをよくなくしていた人も、他の人に迷惑をかけないよう意識するようになり、探し物の回数がグッと減ったという話も聞いたことがあります。

シェアする際にオススメなのが**「姿置き」**という収納方法です。

「姿置き」とはその名のとおり、**モノの置き場を決め、そこに置くモノの輪郭を描いて**

おき、使用後に誰でも元の場所に戻せるようにする仕組みです。

これにより、モノの紛失や違う場所に置くことを防ぎ、作業効率を向上させることに繋がります。

また誰が借りているか分かるように、持ち出した場所に自分の名札をおくなどでモノの所在を明確にする方法もあります。

共有備品置き場は、メンバーがアクセスしやすい場所に設置します。

モノのシェアによる想定外の効果事例があります。

共有備品置き場に「お土産コーナー」を設置したら、社員のコミュニケーションが活発になったという嬉しい報告が、とある会社からありました。

ある日、出張から帰ってきた上司が、お土産のお菓子をどこかに置きたいというので、共有備品置き場に置くことになったのです。

そしてそのお菓子を取りに、メンバーが共有備品置き場に集まる頻度が多くなりました。普段あまり話さないメンバーとも自然に会話が生まれ、職場の雰囲気が良くなったそうです。

その後、共有備品置き場にコーヒーサーバーも置かれるようになり、社員の自由なコミュニケーションが生まれる場となったのです。

文房具や備品以外にも、例えばマニュアルなどの書類も頻繁に閲覧することがなければ共有化（書類の場合は「センターファイル化」とも言います）しましょう。

もしかしたら仕事に関する悩みを同僚とシェアすることで、より効率化するためのアドバイスを同僚からもらえるかもしれませんね。

18 文房具や備品をなるべく共用化する！

19
仕事の整理ができる人はどこでもモノの配置を同じにし、できない人は場所によって配置が変わる。

在宅時と会社で机の上のモノの配置は同じですか？　それとも変えていますか？

実は家でも会社でも、リモートワークなどで同じ業務をするのであれば、基本的には同じ配置にする**「配置の一貫性」**が効率的です。


例えばレンタカーを運転するときなど、違うメーカーの車を運転ができるのは、まさにこの「配置の一貫性」が担保されているからなのです。一方で、右ハンドルと左ハンドルが変わるとウインカーとワイパーの位置が変わっていきなり使いにくくなりますよね（笑）。

また認知心理学や効率的な作業環境の研究からも、「配置の一貫性」が担保されることで生産性があがると言われています。

人間の脳は多くのエネルギーを消費しており、1日の消費カロリーの約20％は脳に使われていると言われます。そのため脳はエネルギーをなるべく使わないようにしています。在宅時と会社でモノの位置が変わると、その都度探さなければならず、脳は無駄なエネルギーを消費してしまいます。

同じ配置であれば、エネルギーの消費も抑えられるので、人間の脳は配置の一貫性を好むのです。

もちろん**効率的な配置を維持するためには、定期的にモノの位置を見直したほうが良い**です。さらに生活や仕事内容が変わったら、それに応じて配置を考え直しましょう。

私の場合、会社でも自宅でも同じような配置を意識しています。

机の上は

・真ん中にノートパソコン
・ノートパソコンの後ろに液晶モニター（セカンドディスプレイ用）
・書類は書類ケースに立てて右奥

・メモとペンはすぐに書けるようにパソコンの右側

という形でほぼ固定しています。

ちなみに私は右利きなのでこのようにしていますが、利き腕が逆の場合など、各個人に合わせた配置を試行錯誤していただければと思います。

なお、**スマートフォンは、カバンにしまったまま**にしています。これは北海道大学の研究チームが、スマートフォンなどの携帯端末が卓上などにおいてあるだけで集中力が損なわれることを報告しているからです。

確かにスマートフォンは、我々の仕事からも生活からも切り離せない便利な存在となっています。一方で、絶えず通知なども来てしまい、集中力が切れてしまいますよね。

私は一時間ごとに休憩を取るので、そのときにスマートフォンを確認するようにしていますし、それで十分です。

また、どうしても緊急の連絡がある場合は、ＬＩＮＥなどではなく、電話をかけるようにしてもらっています。

ただし、家のスペース的に全く同じ配置が難しい場合もあると思います。その場合は、ノートパソコンや書類など、**使う頻度が高いモノだけでも同じ配置**にしてみてください。

なお、物理的なモノの配置だけではありません。例えばスマートフォンの中も、電話やメールなど使う頻度が高いアイコンは、社用でも私用でも同じ場所に固定するなどの工夫もしてみましょう。

このように、在宅時でも出社時でも、モノの配置を同じにすることは、生産性の観点からも有効です。ぜひ最適な配置をみつけて、どこでも同じようにしてください。

19 配置の一貫性を保つと集中力がUPする！

第3章

ムダもミスもなくなる「タイムマネジメント」編

20 仕事の整理ができる人は二軸で優先度を判断し、できない人は緊急かどうかで判断する。

毎日が忙しくて目の前の仕事にばかりに追われてしまい、「やっておいたほうがあとでラクになること」をついつい後回しにしてしまっているという経験、ありませんか？

社会人になりたてのころ、私はあるシステムを担当していました。

当時は目の前の仕事をこなすのに精いっぱいの日々でした。

ある日突然、私が担当しているお客様からシステムトラブルの連絡がありました。お客様はカンカンに怒っていて、すぐに対応しなければ今後のビジネスにも影響がでます。先輩と一緒に何時間もかけてお客様のところへ、謝罪とトラブル解決をしに行きました。そしてその間も私の仕事はたまっていったのです。

このトラブルは、結果的にはお客様の勘違いが原因でした。

ですが先輩から言われたのは

「もっと普段からお客様とコミュニケーションを取れていたら、このお客様の勘違いは防げたのではないのか？」

ということでした。

確かに先輩を見ていると、普段から担当しているお客様と、

「なにかわからないことはありませんか？　変わったことはありませんか？」

など、メールや電話などでコミュニケーションをしていたのです。

そして、異変があれば早めに対応していたので、トラブルが発生していなかったのです。

その先輩に教えてもらったのが、世界的大ベストセラーの自己啓発本である「7つの習慣」の「**時間管理のマトリックス**」でした。

行動や出来事を「**重要度**」「**緊急度**」の2つの軸で管理するものです。

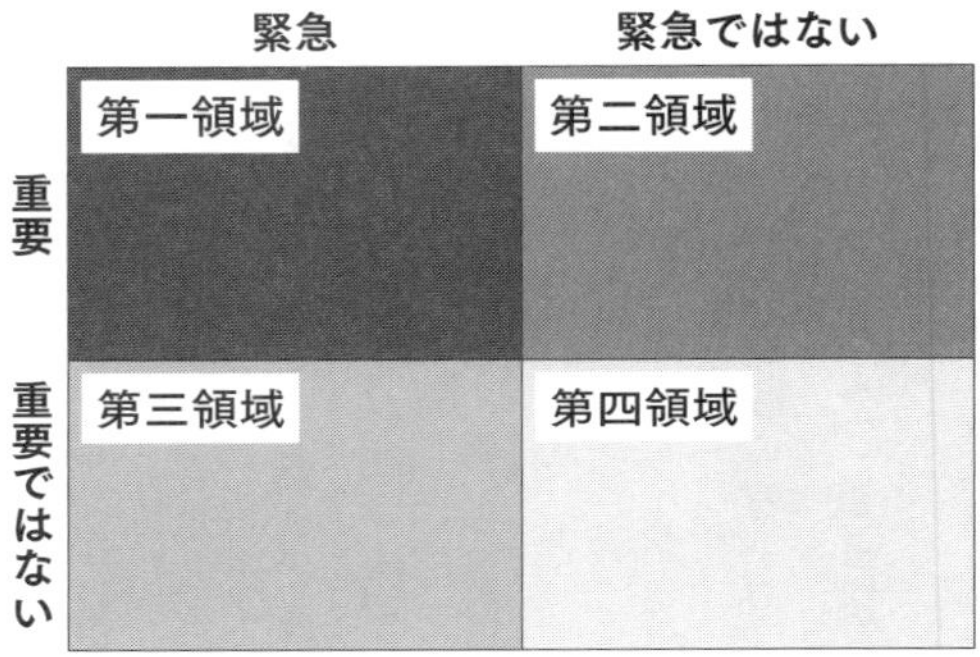

まずは自分のタスクを全て書き出します。これも片付けと一緒で、自分のタスクを全て書き出すことで全体量を把握することができます。そのタスクに対して「重要度」「緊急度」で分けていくのです。

忙しい我々は、第一領域「重要かつ緊急」なタスクに追われています。

このタスクがある限り、残業や休日出勤までしてもタスクをこなします。

しかし、**この第一領域に追われるのは、そもそも第二領域「重要だが緊急ではない」を怠った結果**なのだと、7つの習慣では言っています。

先ほどの例でいうと、

第一領域「重要かつ緊急」：お客様のトラブル対応

第二領域「重要だが緊急ではない」：普段からお客様とコミュニケーションをする

先輩は、まさにこの第二領域を意識的にタスクにしていたので、結果的に第一領域が少なかったのです。

また第二領域は締め切りがないタスクがほとんどですから、あえてそれに取り組む時間をスケジュールしておくことがポイントなのです。

整理ができる人は、このように「時間管理のマトリックス」を使って自分の時間を効果的に管理し、特に第二領域「重要だが緊急ではない」を意識して取り組むことで、第一領域を少なくすることができるのです。

20　重要だけど緊急性の低いタスクを意識する！

21 仕事の整理ができる人は「自分との約束」を優先し、できない人は「他人との約束」を優先する。

ちょっとご自身のスケジュール帳を開いてみてください。

どんな予定が入っていますか？

「○○さんとの打合せ」「△△プロジェクトの定例会議」など、スケジュール帳には、取引先との約束や会議の予定を入れることが多いと思います。

私のスケジュール帳も、会議や取引先との予定を記入するようにしていました。

そしてスケジュールの空白の時間を見つけては、自分の仕事をしていたのです。

でもある日、気が付きました。

自分の仕事が終わっていないのに、どんどんスケジュールが埋まっていくのです。

相手のスケジュールに合わせて業務を調整することが多くなり、自分がやるべき業務が終わらず毎日のように残業、時には週末にまで自分の仕事をしていたのです。

そして自分で仕事をコントロールできない状況になり、ストレスまでも増えてしまいました。

そんなある日、仕事も早く、帰るのも早い同僚のスケジュール帳をたまたま見せてもらう機会がありました。その同僚は**スケジュールに、自分の作業時間をキープ**していたのです。

つまり、会議でも取引先でもない「自分との約束」を入れていたのです。

同僚のように、仕事の整理ができる人は、前項で紹介した第二領域のタスクを、「自分との約束」としてスケジュールにあらかじめ設定しています。

そもそも第二領域は締切が直近ではないため、どんどん後回しになってしまう領域です。なのでやる時間を確保しておくことが大切なのです。

これにより、後回しになりがちな第二領域のタスクを優先して、取り組めるようになります。そして自分自身が仕事をコントロールしている実感も得られます。

もちろん、100%自分都合だけで時間をブロックすることはできません。他者からの打診があった場合は、自分との約束と、他者との約束の、どちらを優先すべきかを検討します。

その結果、自分との約束を優先すべきと判断したら、もう少し先の日程でお願いできないかを交渉したり、会議には出ないけれど議事録を共有してもらって後日キャッチアップできないか、もしくは他の参加者に委任できないか、を考えます。

その判断方法としては、もしも自分が体調不良などで出席できない場合に、その会議が予定どおり開催されるか、再設定になるかということを基準にしても良いでしょう。自分がいなくても予定通り開催される会議は、マストではなく、出ないよりは出たほうがよいという「ナイストゥハブ」（Nice to Have、やらないよりは、やったほうが良いこと）です。

なので **「ナイストゥハブ」は基本的にやめる**という基準を作っても良いと思います。

この考え方は、他人が主体の「他人軸」ではなく、自分が主体の「自分軸」で生きることにもつながっていきます。

人生の主人公はあなた自身なのですから、まずはあなたがやるべきことを優先して、スケジュールにはあなた自身との約束を優先して入れてください。

21 まずは「自分」との約束を優先してスケジュールに記入する！

22 仕事の整理ができる人はゾンビ業務を「排除」し、できない人は効率化する。

「働き方改革」や「生産性向上」と言われますが、皆さんは具体的にどのような取り組みをしていますか?

最近では「DX（デジタルトランスフォーメーション）」という言葉もよく聞きます。簡単に言えば、これまでの紙などのアナログな方法でやっていた業務をデジタルに置き換えることで、「生産性向上」を実現させる工夫や改善です。

しかしながら、それが「意味のない工夫や改善」だとしたらどうでしょうか?

ある大企業の管理部門でこんなことがありました。

その方は、あるデータを毎月第3営業日までに関連会社に納品するという業務をしていました。前月分のデータを抽出、加工、納品するのに10時間ほど掛かっていたそうです。

その業務は前任者の退職時に引き継いで1年ほど、また業務自体は10年ほど前から続いていました。

月初の忙しい時期に、3営業日で10時間も費やされてしまうことを何とかしたいと思い、RPA（Robotic Process Automation：パソコンで行っている事務作業を自動化できるソフトウェアロボット技術）の導入を検討したところ、そのRPAの構築の準備に50時間ほどかかることが分かりました。それをすれば、来月からは、1時間ほどで作業を終えることができるようにはなります。でも、そのために50時間をかけるのはどうだろうかと悩んでいました。

それを新しく着任した上司に相談したところ、

「ちょっとその業務、一旦やめてみましょうか。何かあったら責任は私が取りますので」

という話になりました。

上司に言われたとおり、翌月からその業務をやめてみました。データを納品していないので、関連会社からクレームがあるのではないかとドキドキしていましたが、3ヵ月経っても、誰からも問い合わせがなかったのです。

関連会社に確認してみると、すでに別の方法でデータを取得するようにしていたとのことでした。

これは、**意味もなく生き続けていた「ゾンビ業務」**だったのです。

タイムマネジメントやプロセス改善の分野でよく用いられる**「ECRSの原則」**というものがあります。ECRSは、

・**Eliminate**（排除）
・**Combine**（結合）
・**Rearrange**（入れ替え）
・**Simplify**（簡素化）

の頭文字をとったものです。

この原則を仕事に当てはめてみましょう。無駄な業務をやめたり（排除）、似たような業務を一緒にしたり（結合）、業務の手順や場所を最適化したり（入れ替え）、業務を単純化したり（簡素化）することを検討します。

日本人は工夫や改善が得意な人種です。なので仕事の「Rearrange（入れ替え）」や「Simplify（簡素化）」するところに目がいきがちです。でも、ここで大切なのは、ECRSのうち先頭にある「Eliminate（排除）」が一番効果が大きく、後ろの方ほど効果は小さくなっていくということです。

実はこれは、片付けと同じなのです。片付けでは、はじめに整理をすることで、不要なモノを排除すれば、その後の収納や維持のプロセスがなくなります。業務も同様です。まずはその業務が本当に必要かどうかを先に考えましょう。意外と身近に「ゾンビ業務」があるかもしれません。

22 業務は「工夫・改善」からではなく「排除する」ことから考える！

23 仕事の整理ができる人は2割で上司に確認し、できない人は全部完成させて確認する。

あなたは、上司から頼まれた仕事を、いつ上司に確認していますか？

会社員であれば上司から仕事の依頼があります。またフリーランスの方でも、上司ではなくクライアントから仕事の依頼はやってきます。

その際に、どのタイミングで確認してもらうのが良いでしょうか？

それはずばり「**見積もりの2割**ほど作業した時点」です。

よく「2：8の法則」と言われますよね。これは**パレートの法則**というもので、上位2割の要因が全体の結果8割に寄与するという経済法則ですが、これを時間と完成度にあてはめています。

例えば資料作成の場合、完成までにかかる見積もり時間に対して、2割程度の時間で一度内容を確認してもらいます。パレートの法則に従うと、この「**2割の時間で作成した資料の中に、資料全体の8割の要素**（**目的やストーリーなど**）**が含まれている**」ため、この時点で確認することで、手戻りを大幅に減らすことができます。

中途半端な状態の資料を見せるのは気が引けると思うかもしれませんが、締切日に全く意図しない資料を持ってこられるよりもずっとよいのです。

昔、まだ入社3年目のころ、上司から

「来週、社長へのプレゼンがあるから、パワポ（PowerPoint）に資料をまとめておいてくれ」

と言われました。

内容はわかっているので、きっちりと丁寧に作りこみ、期日前に上司に自信満々に提出したのです。

でも、上司から言われたのが、

「え、こんなに丁寧にやる必要はないのに……」

社長へのプレゼン資料は、上司からの指示で各担当が資料を作成し、それを上司がきれいに整えて完成させていました。

そのため私は、何時間も手間暇をかけてきれいに整えて提出しましたが、ここまで丁寧に資料を整える必要はなかったというのです。

よくよく聞くと、上司が私に対して作って欲しかった資料というのは、あくまでも社長から補足説明を求められたときのバックアップ資料であり、すでにある Excel を張り付けて、ちょっとコメントを書いておいてくれればよかっただけだと言われたのです。

それであれば2時間ほどで終わった仕事でした。しかしながら社長に見せる資料だと思った私は、10時間もかけてしまったのです。

はじめの2時間で上司に確認しておけば、上司が期待するアウトプットは完成できていたのです。

このことがあってから、私は依頼された時に具体的なアウトプットイメージをその場で上司とすり合わせることはもちろんのこと、見積もり時間の2割程度という早目のタイミングで上司に確認をするようにしました。

それにより、手戻りやムダ作業が圧倒的に少なくなったのです。

上司に確認するときには、**資料の内容はもちろんのこと、資料の見栄え（フォントの種類や大きさ、アニメーションの有無など）も確認**しましょう。良かれと思って自分で作りこんでしまうと、修正するのに手間が掛かってしまいます。

ぜひ皆さんも、しっかりと完成させてからではなく、見積もり時間の2割程度で上司に確認するようにしてください。

23 2割作業した時点で上司とイメージを共有し ムダな時間を使わない！

24 仕事の

整理ができる人は自分の都合が良い日を伝え、
できない人は相手の都合を先に確認する。

打ち合わせの設定をするときなどに、

「○○様のご都合はいかがですか？」

のようなメールを送ることはありませんか？

先方の時間をもらうのですから、先方の都合を先に確認するのが礼儀と思われている方も多いと思います。

でも、実際には先方の都合を出してもらうのは、意外と先方に負担をかけてしまうのです。なぜなら先方は、自分の都合の良い悪いをスケジュールで確認して連絡しなければならないからです。

特に先方が忙しい方なのであればなおさらです。**日程や場所の候補を、こちらから先になげたほうが、先方はOKかNGかの判断だけでよいので、手間が減る**のです。

なので、自分から候補を伝えるようにしましょう。

その際にも、あいまいな表現は避けましょう。


以前こんなことがありました。

先方から、

「〇日なら何時でも大丈夫です」

と連絡があったので、

「では朝9時でお願いします」

と返信すると、

「あ、すみません、朝は10時からでお願いします」

と返信がありました。

そのためさらに調整のやりとりが発生したのです。

こういうときは「10時〜17時の間であれば、お昼時間含めて何時でも大丈夫です」

というような書き方だったら、1回のやりとりで済みましたよね。

また、**候補をあげるときも、ぜひ自分の都合を加味した候補**にしましょう。

例えば私は平日の夜に、東京駅の近くの英会話学校に通っています。

東京駅近くにある先方のオフィスで面会するとして、日程調整や場所について、「17時（英会話学校の前の時刻）に、御社にお伺いするということでいかがでしょうか？」と提案しています。

これは110ページで説明したECRSの原則のうちの、「Combine（結合）」をしています。そうすれば、一往復の移動で2つの予定がこなせるようになるのです。

また、当日伺う時刻も重要です。

17時に先方の会社で面会予定であれば、「ちょうどに伺います」と言い、実際にその通りにしましょう。

日本人はマナーとして、余裕をもって打合せの10分ほど前に到着する方が多いです。それは何かあったときに、相手に遅刻などのご迷惑をかけないという点ではよいのですが、早く着いたからといって約束の時刻の前に声をかけるのは避けましょう。

忙しい人は、たいていギリギリまで打合せなどをしているので、少し早く来られても困るのものです。また最近ではコロナが明けて、会議室の稼働率が高くなりました。ぎりぎりまで会議室も埋まっています。

なので約束をしたときは、その時刻ちょうどに行くようにしましょう。

そのためにも「ちょうど」という旨をメールに書いておくことが大事ですし、その「ちょうど」を守ってください。

24 日程は自分の候補を先に出してスケジュールを調整する！

25 仕事の整理ができる人は早い仕掛かりを意識し、できない人は締め切りだけを意識する。

仕事には期限があります。それに向けてのアウトプットを出すために、多くの方は、締め切りを確認することが多いと思います。

特に上司や取引先からの締め切りに対して、どのように仕事の段取りをつけますか？

例えば1週間先が締め切りの仕事だった場合、私は**2〜3日前を締め切り**だとして動いています。

ぎりぎりだと、体調不良などの想定外のこともあり得ますから、ある程度余裕を持たせるのです。

これは会社の出社時刻も同じで、9時に始業開始の場合8：30には着くようにしています。これであれば電車の遅延や車通勤なら渋滞などがあっても、ほぼ間に合いますし、あせらずに済みますよね。

ご愛読ありがとうございます。
今後の参考にさせていただきますので、ぜひご意見をお聞かせください。

本書の
タイトル

年齢：　　歳	性別：男・女	ご職業：	月頃購入

● 何でこの本のことを知りましたか？
① 書店　② コンビニ　③ WEB　④ 新聞広告　⑤ その他
(具体的には →　　　　　　　　　　　　　　　)

● どこでこの本を購入しましたか？
① 書店　② ネット　③ コンビニ　④ その他
(具体的なお店 →　　　　　　　　　　　　　　)

● 感想をお聞かせください

① 価格	高い・ふつう・安い
② 著者	悪い・ふつう・良い
③ レイアウト	悪い・ふつう・良い
④ タイトル	悪い・ふつう・良い
⑤ カバー	悪い・ふつう・良い
⑥ 総評	悪い・ふつう・良い

● 購入の決め手は何ですか？

● 実際に読んでみていかがでしたか？（良いところ、不満な点）

● その他（解決したい悩み、出版してほしいテーマ、ご意見など）

● ご意見、ご感想を弊社ホームページなどで紹介しても良いですか？
① 名前を出してほしい　② イニシャルなら良い　③ 出さないでほしい

ご協力ありがとうございました。

郵便はがき

恐れ入りますが
切手を貼って
お出しください

112-0005

東京都文京区水道 2-11-5

明日香出版社

プレゼント係行

感想を送っていただいた方の中から
毎月抽選で 10 名様に図書カード(1000 円分)をプレゼント!

お名前《ふりがな》	
ご住所	郵便番号 (　　　　) 電話 (　　　　) 都道府県
メールアドレス	

＊ ご記入いただいた個人情報は厳重に管理し、弊社からのご案内や商品の発送以外の目的で使うことはありません。
＊ 弊社 WEB サイトからもご意見、ご感想の書き込みが可能です。

明日香出版社ホームページ　https://www.asuka-g.co.jp

そもそも締め切りを守るのは、内容以前に最低限のルールです。どんなに内容が良くても、締め切りを過ぎたら意味がありません。また自分で勝手に締め切りを変えるのもダメです。

例えば、「今週金曜日までに送付ください」という締め切りを、翌営業日である月曜日の朝と勝手に解釈している人もいます。しかし先方としては、金曜日中に受け取り、週末に確認すると予定している場合もあるのです。

さて、例えば3日間かかる仕事があるとしましょう。2～3日余裕を持たせた締め切りは10日後です。いつからはじめますか？

締め切りから逆算して「7日後」からという方も多いと思います。目の前の仕事もたくさんあるわけですからね。

でも、オススメなのは、まずは**少しでも仕掛かってみる**、着手することです。

私の失敗談です。

とある企業様から、講演の依頼メールがありました。「詳細は添付したのでそちらを参照してください」となっていました。忙しい時期でもあり、締め切りまではまだ余裕があるので、何日かそのままにしておいたのです。そして、締め切りの前日に添付を開いてみると、まったく別のファイルが添付されていたのです。

慌てて担当者に連絡して再度正しいファイルを送ってもらってなんとか事なきを得ましたが、先方には「あ、大村さんはギリギリまで放置していたんだ」ということがバレてしまったのです。

このケースでは、締め切りの前日に担当者と連絡がとれたからまだ良いものです。これが先方の担当者がお休みなどしていたら大変なことでした。なので、どんなに忙しいときでも、先ほどの添付ファイルが正しいのかというような**「必要最低限のことはすぐに確認」をする**ようにしています。

このほんの少しの確認を怠ったことが、のちのち取り返すために、何十倍もの時間やストレスになってかえってきてしまうこともあるのです。

また、仕掛かることで今後の作業の見通しが詳細にイメージできることもあります。このようにさまざまなメリットがあるため、まずは少しでも仕掛かるタイミングを決めることが大事なのです。

仕掛かった時点で仕事の半分は終わっているとも言えます。

また、仕掛かった状態だと、それに関するアイデアやヒントが思い浮かんだりすることもあります。これは脳の性質で、気にかけている情報があると、脳の潜在意識まで動員してそれを見つけにいくのです。

といいつつ、この本の原稿の提出は、締切当日の朝になってしまいました。

1週間前倒しで出そうと思って余裕をみておいてよかったです（笑）。

25 必要最低限のことはすぐに確認する！

26

仕事の整理ができる人は「無」を大事にし、できない人はスキマなく予定をつめる。

スケジュールを見て、何も予定が無いところを見つけた時、どうしていますか？

以前の私は、そのような空白の時間がもったいないと思い、スケジュールを埋めるために友人を誘ったり、イベントを探して参加したりしていました。スケジュールがスキマなく埋まっていると、それこそが充実した毎日なのだと感じていたのです。

しかし、そんな多忙な日を送っていた私は、体調が多少悪くても無理していたことがたたって肺炎になってしまい、一週間入院することになりました。

その時に、身体を壊してしまった原因は、スキマなく予定を入れるという時間の使い方のせいだと気がつきました。

とは言っても、長年培った感覚は変えられるものではありません。

何も予定がないと、やはり時間をムダにしてしまっている気がして、スケジュールに空白を作るのが怖いのです。

でもこのままではダメだと思い、あえて**「何も予定を入れない日」という予定を作る**ことにしたのです。

そうすると、だんだんとうまく休めるようになり、イライラすることも少なくなりました。しっかり休養できているので、心穏やかに毎日を過ごせるようになり、身体も丈夫になったのです。

そのときは、ちょうど片付けを習いはじめていた時だったので、空間と時間の使い方が似ていることに気がつきました。「空間」にも「時間」にも「間」があるので、この「間」が大切なのではないか、と。

片付けについて学ぶ前の私は、モノであふれていた部屋を片付け、新たな空間が生まれたら、そこに新しい収納棚などを置いて空間を埋めていました。

人間の心理は不思議なもので、今までモノがあった場所に空間ができると、どうしてもまたそこにモノを置きたくなってしまうようです。でも、相変わらずモノが多いままの部屋に、心休まることはなかったのです。

片付けについて学ぶと、「適度な空間」が必要だということが分かりました。

それまで「適度な空間」にモノを置かないことがもったいないと思っていた私には衝撃的でした。でも、モノを置かないと考えるのではなく、「空間という上質なモノを置く」と考えると、いつの間にか無理やりに空間にモノを置くほうがもったいないと感じるようになったのです。

この考え方と、時間の使い方（スケジュールの空白）は同じなのではと気づいたのです。

例えば私は、休暇で旅行をしても、何もしないという「無」をなくそうと、現地のオプションツアーなどにたくさん申し込んで、分刻みのスケジュールを立てていました。そして逆に疲れてしまうこともよくありました。

休暇は英語で「vacation」です。そもそもの語源は「vacant = 空っぽの」という意味です。

何もしなくても良いのです。

「無」=「無駄」ではありません。

この「何もない状態」、「何もない時間」、これらがあることで、より充実した「空間」「時間」を持つことができるのです。

私の好きな映画「プーと大人になった僕」で、プーさんはこう言っています。

「ボクは何もしないを、毎日やっているよ。何もしないことは、最高の何かにつながるんだ」

「無」を積極的に取り入れる、ということを意識してみてはいかがでしょうか？

26 「何もしない」を大事にする！

27

仕事の整理ができる人は相手に状況と結論を伝え、できない人は状況のみを伝える。

外出先での打合せが長引いた場合、会社で帰社を待っている上司に対して、どのように報告をしていますか？

上司から、
「会社には何時に到着する予定ですか？」
と聞かれているのに
「今、先方の会社を出ました」
という返事をしてしまったことはありませんか？
上司が必要な情報は、今の状況というよりも
「何時にあなたが会社に着くのか？」

という「結論」なのです。

多くの人は結論が欲しいのに、自分が伝える立場になると「今、先方の会社を出ました」のような状況を伝えています。

それによって何時頃に帰社するのかを、相手が推察してくれるだろうということだと思います。でもあなた自身が一番状況を分かっているのですから、それを適切に相手に伝えるべきです。

今回の例で望ましい返事としては、

「池袋駅から有楽町線で16時頃の電車に乗りますので、遅延などなければ、17時までに帰社できそうです」

という形で、**状況＋結論**を伝えてほしいのです。

以前、私が勤務していたのは、とある官公庁のインフラを担当している部署でした。状況により、一分一秒の判断が大きく影響してしまうような仕事でした。

あるとき、緊急トラブルが発生し、その対策会議をひらくにあたって、自分を含めた担当者から情報を聞き出して整理する必要があったときのことです。

先ほどのように「池袋駅から有楽町線で16時頃の電車に乗りますので、遅延などなければ、17時まで帰社できそうです」という報告に対して、

「急ぎ相談したいことがあるから、お金が掛かっても良いから電車ではなくタクシーで会社に向かって。そのタクシーの中で携帯で話をしよう、乗ったら電話して」

ということになり、会社までの間でタクシー内で（もちろん運転手さんにはわからないように会話して）打合せをしたのです。

このように結論だけでなく状況まで伝えることで、相手が最適な選択肢を取れるようになるのです。なので相手が判断ができるように伝えましょう。

似たようなことでプライベートでも気をつけたいのが、

例えば「今週末、暇ですか？」

というお誘いです。

このご案内を受け取っても、情報が足りなすぎて困ってしまいます。

なのでフランクなお誘いであっても、可能な範囲で良いので5W2Hで伝えることを意識しましょう。

「When（いつ）」「Where（どこで）」「Who（だれが）」「What（なにを）」「Why（なぜ）」「How（どのように）」「How much（いくらで）」

親しき中にも礼儀あり、情報を明確に提示するのは最低限の礼儀です。

27
状況から導き出される「結論」を5W2Hで伝える！

28 仕事の整理ができる人は途中のページから読書をし、できない人は最初のページから読む。

本を読むとき、最初から読んで挫折してしまったことはありませんか?

読書は非常にコストパフォーマンスが高いと思います。

偉人の英知、それも古代ローマ時代の哲学者の教えすら時間と場所を超えて学べます。

それが1冊あたり1000~2000円で読めるなんて、本当に素晴らしいことですね。

私は年間200冊ほどの書籍を読んでいます。

いや、正確に言うと「年間200冊ほどの書籍からエッセンスを吸収」しています。

ビジネス書が多いのですが、小説も読みます。

ただ、小説は1ページ目から読みますが、ビジネス書などは、正直言うと全てのページを読んでいません。全体の約1～2割程度でしょうか。さらに言うと、最初のページから読むことはほとんどありません。

まずは書店で本を見つけると、書籍タイトルや著者には着目しますが、そこからは**目次を読んで自分が興味ありそうなことがあるか、**そして**「はじめに」のページをざっと読んで購入するかを決めます**。

そして、実際に読む時間も基本は「1時間」と決めて、それ以上を読むということはしません。この1時間と決めることで、気になったところを重点的に集中して読めます。これによって積読《つんどく》をしないようになります。

また、書籍を購入する際も、基本的には「電子書籍」にしています。電子書籍は収納スペースを取りませんし、いつでもどこでも気になった箇所を確認できるという魅力があるからです。

また、本の音読サービス「Audible」や、本の要約サービス「flier（フライヤー）」を積極的に利用しています。Audible は移動時間に効率よく聞けて便利ですし、flier はエッセンスとなる箇所を効率良く吸収できるためです。その上で、もっと学びたい、気に入ったと感じたら、書籍を購入するようにしています。

本を読む目的は、最初から最後まで読み通すことではありません。そもそも本に書かれていることを100%吸収するのは無理な話です。それよりも、**新しい気づきや観点や考え方を知って、それを実践することが大切**です。

例えば、ビジネス書における大ベストセラー『7つの習慣』をご存じの方は多いと思います。読んだ方も多いことでしょう。

以前、とある会社の人事部の方に研修をする機会がありました。その際に、7つの習慣を読んだことある方？　と尋ねると、20人のうち10人ほどが手を挙げました。非常に高い割合ですね、さすが勉強熱心な人事の方です。

「では、その7つを全て言える方はいますか？」

と聞くと、誰一人手を挙げられなかったのです。

もちろん小説のような鑑賞型コンテンツであれば、まさに読むこと自体が目的ですから問題ありませんが、ビジネス書は違います。ビジネス書は読むことは手段であり、自分のビジネスにどう応用して実践できるかが重要なのです。

そもそも書籍の一番の保管場所はどこだかご存じですか？

本棚でも電子書籍でもありません。

皆さんの「知識」として頭の中に保管するのが一番なのです。

28 目次を見て、気になるところだけ読む！

第 4 章

最高の結果を出す「目標達成」編

29

仕事の整理ができる人はビジョンを持ち、できない人は年間目標だけを立てる。

新年や新年度が近くなると、「今年（今年度）こそ○○を実現する」のような年間目標を立てる方も多いのではないでしょうか？

例えば
「○○の資格を取得する」

「売り上げを昨年比120％にする」

「富士山に登頂する」

などです。


この目標を立てることはとても良いことです。

なにも目標を立てることなく達成することはありません。

散歩していたらいつの間にか富士山に登頂していたってこと、ありませんよね？（笑）

経営学者であるドラッカーも、目標管理の重要性を強調しています。特に**目標が、戦略や長期的なビジョンに結びついていることが重要**だと言っています。

ここでいう「ビジョン（Vision）」とはなんでしょうか？

ビジョンは「未来像」という意味を持つ単語です。

つまりその目標を達成した時の「光景」のことです。

これを明確に描くことができるかが、目標達成にはとても大切になってきます。

私はふとしたきっかけからウルトラマラソン（１００㎞）に挑戦する機会がありました。

そのとき、完走するという目標を設定すると同時に１００㎞マラソンを完走したシーンを何ヵ月も前に明確に描きました。

その光景を鮮明にイメージし、それを文字にしてゴール直後に投稿するＳＮＳの下書きを作ったのです。

【１００㎞完走しました！】

富士五湖１００㎞ウルトラマラソン、目標だった13時間を切る12時間56分33秒で完走できました！

今日のために、毎月２００㎞走ることを目標にランニング仲間と練習してきました。好きではない筋トレも、完走するためには必要だと毎日続けました。それが完走という結果につながったと思います。

ただ走っている途中では１００㎞のゴールが永遠に来ないのではと思うほど辛かったのですが、そんな時には皆さんからの応援コメントでパワーをいただきました。応援、本当にありがとうございました！

そして、実際の１００㎞マラソン当日の結果は、目標タイムである13時間こそ切れませんでしたが、それ以外は、ほぼ下書きの通りの投稿となったのです。

ビジョンを明確に描くと、脳は現実化に向けて働いていくというメカニズムがあります。

もちろん、妄想だけすれば成功するほど甘くはありませんが、妄想によって心身が目標達成に向けて働き（例えば私の場合はウルトラマラソンに向けてジョギングや筋トレなどを続けることができ）その結果、目標達成できたのだと思います。

ありたい姿をイメージしてから片付けをすると挫折しにくいのと同様に、普段の目標設定に対しても、明確なビジョンを一緒に想像してください。

29
目標達成後の光景を具体的に思い描く！

30

仕事の整理ができる人は捨てるモノからアイデアをもらい、できない人は何も見ないで捨てる。

毎日のように大量に投函される「チラシ」や「ダイレクトメール」ですが、あなたはどうしていますか？

相手から強制的に家や職場に届けられるモノは、散らかる原因になりやすいので注意が必要です。

届いた「チラシ」や「ダイレクトメール」は、手に持った状態で必要か不要かをその場で判断してください。そして不要なモノはそのままゴミ箱に捨て、必要なモノだけを決められた場所に置くようにしましょう。そうすれば散らかりにくくなります。

その時に、ぜひオススメしたいことがあります。

それは**事例研究**です。

あなたが不要と判断した「チラシ」や「ダイレクトメール」ですが、何が書かれているのかをじっくりと見ていますか？

私は、興味のない内容であっても、じっくり見るようにしています。

私は集合住宅に住んでいます。

ポストには毎日たくさんの「チラシ」や「ダイレクトメール」が投函されます。それらを取り出してからエレベーターのボタンを押し、エレベーターに乗って自宅の玄関にたどりつくまでに3分ほどかかります。

その時間で必要か不要かを判断しますが、不要と判断した「チラシ」や「ダイレクトメール」をじっくりと見て、

「あ、この表現はうまいな！」

「フォントの大きさや、色の組み合わせがいまいちだな」

「商品はいまいちだけど、キャンペーンは魅力的だな」

ということを考察するのです。

このような事例研究を、この3分というスキマ時間にやるのです。

1日3分だとして、年間だと約1095分（約18時間）も事例研究ができるのです。

私は、営業／マーケティング部門にいます。

お客様の心を捉え、買いたくなるような打ち出し方やキャンペーンを考えることが多くあります。

その際に、いろんなアイデアやネタがあるととても役に立ちます。

事例研究のおかげで、キャッチコピーにおいて人目を引くような表現を参考にしてみたり、不要だったチラシに書かれていたキャンペーンを自分のサービスで同じように展開して、うまくいったこともあります。

このように、**不要なモノからも学ぶ**という思考を身につけましょう。

「我以外皆我師」（自分以外は全て、自分に何かを教えてくれる先生である）という考えがあります。

私はこれを人だけでなく、モノにも応用できるのでは？　という観点で始めてみました。それが仕事にも役立っているのです。

そう考えると、今まで不要だと思っていた「チラシ」や「ダイレクトメール」も、お宝に見えてきませんか？

ただし、役立つと思って捨てないとモノが増えてしまうので、写真に撮るなどデジタルで管理して、実際のモノは手放すようにしてくださいね。

1日3分、仕事に役立つ無料の脳トレだと思ってやってみてください。

30 不要なモノからも、学べるコトがある！

31 仕事の整理ができる人はノートをデータで管理、できない人は書きっぱなしにする。

あなたは仕事にかかわる情報や思いついたアイデアなどを、どこに記録していますか？多くのビジネスパーソンは、アナログ（手帳、ノートなど）とデジタル（パソコンやスマートフォンなど）のいずれかに大別されると思います。もちろん、脳に記憶しておく人もいるとは思いますが、記憶力によほど自信のある方以外にはオススメしません（笑）。

さて、その記録した情報やアイデアをどのように管理するかによって、生産性や成果が大きく変わります。

私はアナログとデジタルの両方で記録していますが、最終的には**デジタルで管理**しています。紙に書いたものも、テキストで打ち直すか、もしくは写真に撮って管理します。パソコンやスマートフォンから利用できるクラウドサービス（Microsoft OneNote、Google

Document など）を使っています。なぜかというと3つの利点があるからです。

●クラウドでの管理と共有

アイデアや文書をクラウド上に保存することで、いつでもどこでもアクセス可能です。これにより、ノートを失くしたり、パソコンの故障によるデータ損失が防げます。

●容易なアップデートとブラッシュアップ

クラウド上ではリアルタイムで編集や更新が可能です。チームメンバーや関係者と共有しながらアイデアを改善し、洗練させることで、より質の高い成果が生み出されます。

●データのセキュリティとバックアップ

クラウドサービスは通常、高いセキュリティ対策を施しており、データの安全性やバックアップも自動的にされます。このため、データの紛失やセキュリティリスクを軽減できます。

私のチームでは、企画や営業の提案資料をパワーポイントで作成します。その際にチームメンバーに共同編集権をつけて担当を割り振り、同時進行で資料を作成していきます。これによって資料は常に最新の状態となっています。また資料上にコメントをつけておくことで、それを担当者が確認して修正もすることもできます。

またクラウドサービスなので、スマートフォンからもアクセスできます。外出先でアイデアが浮かんだときも、資料にコメントとして追記するようにしています。

こうするようになってから「すごく良いアイデア思いついたのに忘れちゃった……」ということもなくなりました（笑）。

特に**アイデアが浮かびやすいのは「三上《さんじょう》」**と言われますが、ご存じでしょうか？

これは北宋時代の学者、欧陽脩《おうようしゅう》が残した言葉です。欧陽脩はよい文章を考えるには三上、つまり「馬上《ばじょう》」「枕上《ちんじょう》」「厠上《しじょう》」が適していると言いました。これはアイデアも同じです。

馬上とは、馬の上で揺られているとき、今で言えば通勤途中の電車やバスなどでしょうか。枕上とはうとうとしているとき、厠上とはトイレ中のことです。

ちなみに私の場合は、皿洗いをしているときや、リビングの床を磨いているときなど、単調な家事をしているときに浮かぶことも多いです。

Amazonの創業者ジェフ・ベゾスはインタビューでこう言ったそうです。

「毎日皿洗いをしているよ。僕がやっていることで一番セクシーだと思う」

彼は明言をしていませんが、おそらく「皿洗い」のような、ほどよく単調な作業の時に、アイデアがひらめきやすいのでしょうね。

私は出たアイデアをすぐに記録するために、スマートフォンに打ちこみます。長い文章の場合は、取り急ぎ自分の声でボイスメモに記録することもあります。

また、手元のメモなどに書き、それをスマートフォンで写真に撮って記録したりもします。ただしスマートフォンに頼りすぎているところがあるので、充電切れには注意したいですね。

31 情報はデータ化して、クラウドサービスなどで管理・活用する！

32

仕事の整理ができる人は仮決めで始め、できない人は準備万端にして始める。

何か新しいことを始めるときに、どれくらいの準備をしますか？

新しいアイデアが浮かんだら、需要があるかという最低限の調査をしたあとすぐに、**仮決めの状態で実際に試してみる**ことをオススメします。

そのようなトライアルを「**プルーフ・オブ・コンセプト（PoC：概念実証）**」と言いますが、まず試すことで、実現の可能性や需要の有無、課題を確認することができ、それをもとに改善を行っていきます。変化の激しい時代には重要なやり方です。

何年も前の話です。私の知人が新しいビジネスを思いついたと話してくれました。詳細はお伝えできませんが、コミュニティの運営支援に関わるサービスです。

当時からコミュニティを多く運営していた私にアドバイスを求められたのですが、コンセプトも素晴らしく、類似サービスもなかったので、とにかく「生煮え」でも早くはじめたほうが良いとアドバイスしました。

しかしその知人は、

「もっとしっかりと調査してニーズがあるか判断したい」

と、より入念な調査を始めたのです。

そうしているうちに、似たようなサービスが登場してしまい、知人のサービスは世に出ることはなくなってしまいました。

何事も準備万端で臨みたい気持ちもわかります。

でも事前準備ばかりに時間を費やしすぎると、市場の変化や機会を逃してしまうこともあるのです。

「思考よりも試行」という言葉があります。

あれこれ考えこまずに、まずは仮決めしてやってみるということが大事なのです。

実はこの考え方は、資格取得などの独学のときも活用できます。

先日、500以上の資格をお持ちの「資格ソムリエ®」こと林雄次さんと対談する機会がありました。

その時に目からうろこだったのは、林さんはテキストで勉強をせず、まずは過去問をやってみる、ということです。

もし過去問で合格点がとれたら、もう本番を受験すればよいのです。資格合格のためのテキストをわざわざ1ページ目から読む必要はありません。

過去問を解いてみて、合格点に届かなくても大丈夫です。その場合は、解けなかった問題だけを重点的に学んでいけばよいので、効率良く進められます。

大切なのは自分のレベルを知り、資格合格までに何がどのくらい必要かを把握することです。これによって最短で資格を取得できるとおっしゃっていました。

我々は、テキストの1ページ目から読んで、理解して、それから試験を受けるというやり方に慣れています。でも忙しいビジネスパーソンの方は、最短距離で進めてほしいのです。

ビジネスも独学も、まずは試しにやってみることが重要です。

私は小さい頃、「凧揚げ」に興味を持ったときに、凧揚げの歴史や揚げるときのコツを聞きませんでした。それよりも、まずは実際に凧を揚げてみたのです。風が吹いてないから走りまわったりして、なんとか凧が揚がったときの感覚や喜びを覚えています。

実際にやってみることで本質的な理解が得られることが多いのです。

32
まずは仮説を立ててとにかく早く実行する！

33 仕事の

整理ができる人は ホワイトボードに書いて考え、
できない人は パソコンを打ちながら考える。

あなたは、一人でアイデアを考えたり、同僚とブレスト（ブレインストーミング：アイデアを自由に出しあう会議手法）をするときに、何を使っていますか？

例えば、パソコンにテキストを入力しながら考えたり、大きな紙に書きながら考えるなど、いろいろとあると思いますが、ブレストでは特に**ホワイトボード**を使うのがオススメです。

実は、私は日頃からホワイトボードを活用しています。これも片付けの整理と同じで、まずは全部出す（ホワイトボードに書き出す）と、その後の整理がうまくいくのです。会社での打合せはもちろんのこと、自宅にも小さいホワイトボードを用意しています。一人でアイデアを考えるときだけでなく、オンライン会議でも、カメラでホワイトボードを写し、書きながら説明することがあります。

会議を進行しながら、パソコンの共有画面に内容をテキスト入力するというのは、オンライン会議で主流にはなりました。

しかし誰かがテキストを打ち込む画面を一緒に見ていると、変換ミスをしたり、バックスペースを押したりするので、いらないところに参加者の注意がいってしまい、集中力や思考が途切れてしまいます。またテキストを打ち込んでいる人とそれ以外の人で、なぜか心理的な分断も感じやすくなります。さらに、概念的な図やグラフなどが瞬時に描けないため、どうしても視覚的な整理が難しくなってしまいます。

最近ではデジタルの思考ツールも増えてきました。例えばオンラインホワイトボードツールです。

これはオンライン上で付箋を同時に貼ったり、それにアクションすることができます。

これは参加者が全員同じように使いこなしているのであれば有効に活用できます。

しかし参加者によって使いこなしにレベル差があると、やはり使いこなそうということに意識がいってしまって思考が途切れやすくなるのです。

一方リアルな会議で、**手書きは思考が途切れにくく、視覚化もしやすく**なります。

ノートでも同じことができますが、書ける範囲や、消しやすさを考慮すると、同じ手書きでもホワイトボードがオススメです。

さらにホワイトボードを中心にメンバーが集まって一緒に書き込んだり、消したり、修正することで意見交換がしやすくなって、参加者全員が一体感をもって積極的に参加するようにもなります。

Amazon 創業者のジェフ・ベゾスは、初期から手書きのメモやホワイトボードでの議論を重視していたそうです。

ちなみに私の以前の上司も、とにかくホワイトボードで議論するのが大好きで、会議室に入るとまずホワイトボードを用意しろというのが口ぐせでした。

議論のツールとして、いきなりパワーポイントを開くなと何度も怒られたものです。たしかにホワイトボードに書けていないものを、パワーポイントでまともに資料化できるわけないですよね。

その上司とは居酒屋にもよく行って、いろんなことを議論しました。

当然ですが居酒屋にはホワイトボードはありません。どうしたかというと、なんと「指」にグラスの水滴をつけて、テーブルに図を描いて議論をしたのです（笑）。

確かに、このくらいシンプルに書けるのが筋の良いアイデアなのかもしれませんね。

また書いたホワイトボードは持ち歩けないので、写真を撮ってデータとして記録しておきましょう。

33 まずは頭の中身をホワイトボードに書きだして整理する！

34

仕事の整理ができる人はSMARTな目標をたて、できない人は努力を目標にする。

目標を立てるときに、

「現在の業務を継続的に頑張る」

「お客さんに喜んでもらう」

「売り上げを増加させる」

というような目標になっていませんか？

頑張りたい意欲は伝わるのですが、これではあいまい過ぎます。

これらの目標には、何をもって評価するのかの判断基準がありません。

整理ができる人は目標を設定するときに「ＳＭＡＲＴ」を使っています。

「ＳＭＡＲＴ」とは次の要素を含んだ目標設定の指標で、それぞれの頭文字からＳＭＡＲＴと言われます。

●Specific（具体的に）：誰が読んでもわかる、明確で具体的な表現にする
●Measurable（測定可能な）：目標の達成度合いが誰にでも判断できるように定量化する
●Achievable（達成可能な）：希望や願望ではなく、その目標が達成可能な現実的内容か確認する
●Related（経営目標に関連した）：目標が、自分の所属する組織や会社の目標に関連しているか確認する
●Time-bound（時間制約がある）：いつまでに目標を達成するか、その期限を設定する

例えばあなたがシステムの営業担当だったとしましょう。

「新規の売り上げを獲得する」だけではあいまいで、具体的な行動に結び付きにくいですよね。

これをSMARTで考えると

●Specific（具体的に）：昨年開発した○○システムの新規顧客を獲得し、今年度の売上を増加させる

●Measurable（測定可能な）：新規顧客10社を獲得し、売り上げを昨年比で20%増加させる

●Achievable（達成可能な）：オンライン営業で効率化をして新規商談の数を増やす

●Relevant（経営目標に関連した）：新規顧客の獲得と売り上げ増加は、会社の成長戦略と結びついており、部門の年間売上目標の一部を担っている

●Time-bound（時間制約がある）：今年度中（2025年3月31日まで）に達成する

さらにこの目標設定にプラスして「ビジョン」も描きましょう。

例えば、

「この目標を達成することで、社内表彰を受け、新規取引先からも感謝されている」という未来の状況をイメージするのです。このビジョンを描けると、達成可能性がさらに高

まります。

もちろん、目標やビジョンを描くだけでなく、それに向かって行動していくことが大切です。

そのためにも、「目標達成につながる行動をあらかじめスケジュールに組み込んでおく」「目標達成につながらないことをやめて時間をつくる」などをしてみてください。

また定期的に上司に進捗報告することで、達成に向けたアドバイスをもらうようにしましょう。

ぜひビジョンとSMARTな目標をセットにして設定してみてください。

34 SMARTで具体的な行動に結びつけた目標設定をする！

35 仕事の整理ができる人はアドバイスを実践し、できない人は聞き流す。

あなたは人からのアドバイスを実践していますか？　聞き流したりしていませんか？

私は会社員をしながら、このような執筆や講演活動などの副業を始めて10年になります。そしてどうしたら私のように活動ができるのか、アドバイスを求められることが多くあります。

相談してきた方にとって良い結果を出して欲しいので、その都度、じっくりとお話を伺い、私なりに一生懸命考え、調べ、人を紹介するなどもします。

しかしながら、アドバイスをした方のうち、実践されている方は感覚的には「1割」程度です。

なぜアドバイスを実践することをオススメしているのかというと、私自身、人からアドバイスされたことを実践し始めてから、副業活動が急速に進むようになったからです。

私が実際に片付けの講師としての活動をすると決めたときに、すでに講師として活動していたTさんに、

「どのようなテーマで活動するか？」
「どのようなターゲット設定をするか？」
「どうやって（他の講師と）差別化するか？」

などの相談をして、一緒に考えたり、具体的なアドバイスをもらいました。

その中で、整理収納アドバイザーでブランディングしていくアイデアとして「片付けパパ」というネーミングや「ビジネスパーソン」をターゲットにすることを決めることができ、こんにちの活動に繋がっているのです。

さらにアドバイスどおりの実践を繰り返していくと、アドバイスした方も、本当に実践してくれていることに喜んで、より親身になってくださり、さらなるアドバイスやキー

パーソンの紹介をしていただけました。

そのため、**誰かにアドバイスを求めるときには、実践する前提**にしてください。

アドバイスを求めた後、「実践できる人」と「実践できない人」の違いを私なりに分析してみた結論ですが、実践できる人は「素直でビジョンをもっている人」が多いです。例えば片付けのアドバイスでも、こういう部屋にしたいというビジョンがあり、そのための手段を聞いてイメージにあえば「素直に」実践される方が多いのです。

一方で単純に部屋を手っ取り早くきれいにしたいだけの気持ちだと、アドバイスを聞いても実践しない傾向があると感じます。

多くの人は、人のアドバイスを受け入れるのに、プライドや経験が邪魔をします。でも、素直な人は「なるほど、そうか〜」と、すぐに受け入れられるのです。

一方で、アドバイスをもらって一生懸命考えてみたけれど、「うまく説明できないけど何か抵抗があって実践できない」ということもあります。

その場合は「無理にやらなくてよい」です。

そのような直感的な「心のざわつき」があるときは、本当の気持ちとは違うサインなのかも知れませんし、やらないほうがよいこともあります。あなたの心に素直になりましょう。

ただし、そのような結論に至ったことも、アドバイスしていただいた方にお伝えするようにしてください。考え抜いた結果であれば、その方にも納得していただけると思いますし、また違うアドバイスをもらえることもあります。もしもそれで人間関係が崩れるようでしたら、それまでの関係だったということです。

35
人にアドバイスを求めたときは一旦素直に聞き入れて実践する！

36

仕事の{整理ができる人は強みを伸ばし、できない人は弱みを克服する。

あなたは自分の「強み」を把握していますか？

私たちが受けてきた日本の教育（特に義務教育）は、弱みを克服するということを重視してきました。弱みを平均レベルまで引き上げることばかりで、個人の強みを見つけて伸ばす機会は少なかったです。

例えば学生のころ、苦手な教科の補講はあっても、十分にできている教科を伸ばす（100点を120点にするようなイメージ）はありませんでしたよね。

しかし、大人になってからも、弱みを克服する必要はあるのでしょうか？

私は「弱みを克服するのは30代まで、それ以降は強みを伸ばすべき」だと考えています。

なぜならば、40代以降、**強みを伸ばしていったほうが、残りの人生を効率的に過ごせる**からです。

ネブラスカ大学の調査で「読むことが平均的な学生」と「読むことが得意な学生」のグループに分けて、速読の訓練をしました。その結果、速読のスピードが「読むことが平均的な学生」は約1・5倍に伸びたのに対して、「読むことが得意な学生」はなんと約8倍も伸びたのです。

このように「強み」を持った人がさらに時間や労力を掛けることによって「飛躍的に」できるようになることがわかります。

ドラッカーは強みについてこう語っています。

「何事かを成し遂げるのは、強みによってである。弱みによって何かを行うことはできない。できないことによって何かを行うことなど、到底できない。誰でも自らの強みについてはよく分かっている。だが、たいていは間違っている。わかっているのはせいぜい弱みである。それさえ間違っていることが多い」

実は自分の強みでさえ、意外と分かっていないことが多いのです。かくいう私も、自分の強みは何かがわかっていませんでした。

そうなのです、強みというのは、その人が意識しないで普通にできてしまっていることなので、自分の強みは気付きにくいものなのです。

私の場合、それが分かったのは、たくさんの方とお話しをしたり、会社以外の活動の場があったからです。

セミナーの事務局のお手伝いを副業ではじめたとき、冒頭の説明や講師紹介なども事務局の仕事なのですが、とても分かりやすく印象が良いと言われたのです。

それをきっかけに自分の「強み」に気がつき、講師を目指したという経緯があります。

また**「弱み」は克服するのではなく「認識」するだけで十分**です。

そもそも「弱み」を克服したところで、膨大な時間が掛かるばかりではなく、良くて平均的なレベルになるだけです。

それであればその時間を、強みを伸ばすことに充てたほうがよいですよね。
そして自分の弱みは、それを強みとしている人に助けてもらえばよいのです。

私の場合は、Excelでの集計などがとても苦手です。逆に、私の仲間はExcelが非常に得意で、マクロまで組んでくれるので、いつも力を借りています。

一方でその仲間は、セミナーなどの告知文の作成が苦手なので、アドバイスをしています。このようにして互いの弱みを補なっているのです。

私が会社員をしながら、子育て、家事をこなし、そして執筆や講演活動もできているのは、お互いの強みを共有し、弱みを補完し合える仲間のおかげなのです。

36
強みを伸ばして、弱みは周りの人に助けてもらう！

37 仕事の整理ができる人は寝る前に「感謝」をし、できない人は「後悔」をする。

あなたは寝る前に、その日に失敗した出来事が頭に思い浮かんで後悔したり、ネガティブな気持ちになったりすることはありませんか？

1日の締めくくりの時間をどのように過ごすかによって、その日の幸福感は大きく変わります。そのような幸福感（ポジティブ感情）を保つために、寝る前に私が習慣化していることがあります。

それは、「**TGT（Three Good Things）**」です。

具体的なやり方は、寝る前に、**その日にうまくいったこと、嬉しかったこと、楽しかったことなどを、3つ書き出す**だけです。

これによって睡眠の質が良くなり、幸福度があがり、楽しいので続けられるというものです。

これは、ポジティブ心理学の創始者であるマーティン・セリグマン博士が提唱しています。

ポジティブ心理学とは、ネガティブな状態をフラットなレベルまで引き上げる従来の心理学に対して、フラットな状態の人がより幸せになるためのアプローチを研究する心理学です。

私は毎晩寝る前に「その日に起きた嬉しかったこと」を3つ書き出すのですが、その3つはなんでも良いのです。

「○○の企画が無事に承認され、上司から褒めてもらえた」

ということでもよいし、

「今日も美味しいごはんを食べられた」

など、些細なことでも良いのです。

そして私は、この3つの嬉しかったことに追加して
「その日に会った、感謝したい人を10人頭に思い浮かべ「ありがとう」と唱える」

ということをしています。

「そんな感謝したい人なんて10人もいないよ」と思われたかも知れませんが、どんなことでも良いのです。

「コンビニのレジは混んでいたけど、店員さんの笑顔が良くて、とても良い気持ちになった、ありがとうございます！」

「上司から○○について注意されてしまった、でも人を注意するのはエネルギーを使う、上司は私の成長を期待して注意してくれたんだ、ありがとうございます！」

ということでもよいですね。


一見マイナスに思えるようなことでも、プラスの側面をあえて見つけることで、同じ事象でもポジティブに捉えなおすことができます。

もう数年も続けている〝寝る前の儀式〟ですが、確かにネガティブな思考になりにくく

なりました。

また、日常から良いと思えることを積極的に見つける必要があるので、どんな些細なことからも幸せを見出す訓練にもなっています。

寝る前にする理由は「**ピークエンドの法則**」を使うためです。人は最初と最後の記憶や印象に強い影響をうけるので、その日の最後に良い1日だったと思えば良い気持ちで睡眠をとることができるそうです。

まさに「終わり良ければすべてよし」。1日が充実した気持ちで締めくくれます。

ネガティブな思考から脱却するためにも、さっそく今晩から寝る前のTGTを試してみてはいかがでしょうか。

37 寝る前に3つの良かったことを書き出す！

38

仕事の整理ができる人は試行し、できない人は思考する。

「学んだこと（インプット）」を、「実践（アウトプット）」していますか？

社外の研修やセミナーを受講して、その場では理解し、仕事に活用してみようと思っても、それを実践するのはなかなか難しいものです。

でも「アウトプットこそが最良のインプット」という言葉もあるとおり、インプットだけで終わらせることなく、アウトプットしてこそ身につくものなのです。

ではどのくらいアウトプットが必要なのでしょうか？

コロンビア大学の心理学者アーサー・ゲイツ博士の実験を紹介します。

小学校3年生から中学校2年生を100名ほど集め、人物のプロフィールを暗記する実験をしました。

この時に「覚える時間（インプット）」と「練習（暗唱）する時間（アウトプット）」の比率をグループごとに変えて、その成果を比較したのです。その結果、最も高い成績を残したのは「練習する時間」に70％費やしたグループでした。

この研究から、最も効果的な学習効果を得るには、

覚える時間：練習する時間＝3：7

であることがわかったのです。

私の場合は、インプットしたことを自分なりに解釈して、SNSやブログで発信したりしています。同僚や友人などにインプットした内容を話してみるだけでも効果があります。

「インプットしたら、その2倍以上アウトプットをする！」

私はこれを意識してからは、効率的に学べるようになりました。

とにもかくにも、試しに行動してみる、実践してみることが大切です。

でも実際にやってみることは難しいですよね。

実は、行動することで失敗などしてしまったらどうしようかという「後悔」が先に想像できてしまい、それが行動のストッパーになるのです。

これは学術的にも調査されており、コーネル大学で行われた研究では「やらなければよかった（やった後悔）」と「やっておけばよかった（やらない後悔）」を比較しました。

短期的には「やった後悔」がわずかに上回りますが、**長期的には「やらない後悔」が大きく上回った**のです。

「やった後悔」はもう結論が出ているので反省もしやすいのですが、「やらない後悔」は、こうしていたら……、ああしていたら……、という思いがどんどん湧き上がってきます。これが、やらなかった後悔が長引いてしまう原因です。

ですが、私はこの理論を知ったあとも、「挑戦して失敗したら恥ずかしい」と思い、なかなか行動できないことがありました。

でも長く人生を過ごすと分かったことがあります。

「他人は自分が思うほど、自分のことなんて興味を持っていない」（笑）。

例え失敗しても、経験が手に入ります。経験値が上がることは大きいですよ。

私がオススメするのは、やってみようと思ったときに、**すぐにその場で次の小さなアクションをしてしまう**ことです。

・誰かとのアポイントを設定する
・ネットですぐに調べてみる

など、ほんの少しのアクションを始めるだけで、その後にやれる確率がぐっと高まります。

「学んだこと（インプット）」を考える「思考」だけでなく、ぜひ「実践（アウトプット）」として試しに行ってみるという「試行」をしてみてください。

38 インプット：アウトプット＝3：7！ とにかく実践してみよう！

第 5 章

人間関係がラクになる「コミュニケーション」編

39

仕事の整理ができる人は名刺の裏を確認し、できない人は裏を見ないで名刺入れにしまう。

名刺を受け取った後に、裏をひっくり返して確認したことはありますか？

私はいままで数多くのビジネスパーソンと名刺交換をしてきましたが、裏面をひっくり返して確認する方は２割程度という感覚です。

名刺交換は、情報交換や人脈作りなど関係性構築の第一歩として重要です。この名刺から、**いかに多くの情報を引き出すかがポイント**です。

そのためには、名刺の表面だけでなく**裏面が重要**です。

私自身の失敗談をお伝えしましょう。

社会人になりたてのころ、名刺交換では相手の名前と顔を覚えるのに必死で、名刺自体は裏も確認することなく、すぐに名刺入れにしまっていたのです。たいていの場合は白紙か英語表記だったためです。

そうして、ある日整理のため、過去にいただいた名刺をデータ化しようとしました。するとどうでしょうか。

かなり昔の話ですが、会食の場でお会いした有名な経営者の方の名刺が出てきました。その方とは、かなり意気投合して盛り上がったことを覚えています。その方が途中退席する際に、ちょうど私はお手洗いに行っていたため、私に渡して欲しいと、幹事の方に名刺を預けていったのです。

そして、何年も経って名刺の整理のためにデータ化するときに、裏に手書きのメッセージを見つけたのです。

「大村さんはとてもよい印象を受けました。今度、ぜひ会食しましょう。連絡ください。０９０-ＸＸＸ-ＸＸＸＸ」

その当時、すぐに名刺の裏面を確認していれば、今と違うキャリアを歩んでいたかもしれません……。

そんなこともあって（笑）、それからは名刺の裏をしっかりと確認するようになりました。やはり多くは、白紙か英語表記でしたが、残り半分はコーポレートロゴや企業理念、個人の方ですと、スキルや趣味、書籍などの情報が多くあります。

企業では指定された名刺のテンプレートに自分の情報を掲載するだけなのですが、例えば個人事業主や企業経営者の名刺には、伝えたいことやこだわりが凝縮されていることが多く、表面には書ききれなくて裏面に書いてあることが多いのです。

ぜひ、書いてあることから深堀りしていってください。

人は話を聞いてほしい生き物です。名刺をきっかけにいろんな情報、学びを得ることもできます。

その際に、知らない言葉などあると「不勉強で申し訳ないのですが、○○とはなんでしょうか?」と聞くようにしています。これによって相手から、それに関する業界情報や考えを簡潔に教えてもらえることもできるのです。

裏面に何も書いていないときは、そっと表に戻して、例えば、名刺に「創業60年」と書かれていたり、その会社の商品が記載されていたりしたら、そこを話題にしましょう。

「創業60年とは歴史と伝統を感じますね」「この商品は我が家も愛用しています」

他にも部署名に着目して、例えば所属が「第3営業部」と書いてあれば「第3営業部ということは、全部でいくつ営業部があるのですか？」「大きな規模でやられているのですね」という具合です。

ちなみに、私の名刺は両面どころか二枚折りになっています。私から名刺を受け取った方はぜひ裏面だけでなく内側も見ていただけると嬉しいです（笑）。

39
一枚の名刺から1つでも多くの情報を見つけ出して話題を広げる！

40

仕事の
整理ができる人は自分を変え、
できない人は相手を変えようとする。

「あらゆる人の悩みはすべて対人関係の問題に帰結します。自分はどのような人間でありたいか、と考える際には、必ず周囲の目を気にしているのです」

アルフレッド・アドラー（オーストリアの精神科医、精神分析学者、心理学者）

書籍「嫌われる勇気」では、自分の価値観や信念に基づいて行動し、他人の評価や批判を過度に気にせずに生きる姿勢のことが書かれています。

以前の私は、全ての人から好かれるにはどうしたらよいかと、いつも気にしていました。

私は、母子家庭で育ったこともあり、常に世間に遠慮して育ってきたためか、とにかく周りの目を気にするタイプでした。少なくとも敵は作らないように、そして基本的には一部の人を除いては、大多数の人と「等距離外交」というスタンスで過ごしてきました。

でも、ある日、誰に対しても「良い人でいること」に、なんだかとてつもなく疲れたのです。そんな時にこの「嫌われる勇気」に出会い、

「価値観の合わない人、一緒にいて居心地が良くない人とは、距離を置けば良い。その分、価値観が合う人や居心地の良い人と、たくさん過ごすべきだ」

と考えるようになったのです。

気が合わない人と距離を取る方法としては、こちらから積極的に近づかないというのが一番です。誘われても「先約があって」などと理由をつけて、だんだんとその人における私の存在を薄めていくのです（「あなたといる空間・時間を避ける」という元々ある約束だと解釈すれば嘘はついていないわけです）。その人に好かれる振る舞いをする必要はありません。

でも、毎日顔を合わせるような職場ではなかなかそうはいきませんね。

その場合は職場をやめるという選択肢もありますが、オススメはできません。新しい職場で人間関係に恵まれる保証はありません。そもそも他人は変えることができないのですから、必要ならどんな人にも対応できるよう、自分を変えていくことも大切です。

私の場合は、自分はなぜこの人が苦手なのだろうと考えます。その苦手な部分がわかると、そこは自分の価値観とちがうところだと認識したうえで、一旦そのことを脇におきます（手放します）。

同時に、その人の良いところを探してみてください。責任感が強く残業してまで同僚の仕事をしてくれた。飲み会の席では家族の話をしていて、とても素敵な家庭を築いているなど、必ず良いところがあるはずです。

人の脳は特定のことを意識すると、そればかりが見えてしまうようになります。**カラーバス効果**というものです。

「坊主憎けりゃ袈裟《けさ》まで憎い」とありますが、苦手なところだけを意識すると、すべてが苦手になってしまいます。逆にその人の良いところを意識すると、その苦手意識も薄まっていくことがあるのです。

実は私にも苦手な人がいたのですが、たまたまプライベートで会話していた時に、私と同じく「盆踊り」が趣味と分かりました。そこからは苦手意識も薄まって、今では一緒に盆踊りにもいくような関係になりました。

苦手なところだけでなく、良いところも意識するようにしましょう。

人は、一生涯で約3万人と出会うそうです（経済産業省のコラム）。日本だけでも1億人以上いる中の「たった」3万人ですから、奇跡的な確率です。

さらにその中でも気の合う人はほんの一握り、大切にしていきましょう。

もしも今、あなたの周りが気の合わない人ばかりなら、探しに行きましょう。まだ出会っていない1億人以上が待っています。

大丈夫です、あなたと気の合う人は、本当にたくさんいるのですから。

40 すべての人に好かれようと考えない！

41

仕事の整理ができる人は自己紹介でベネフィットを伝え、できない人は自己説明をする。

一生懸命自己紹介をしたのに、ぜんぜん覚えてもらえていない。
そんな経験はありませんか？

例えば「私は整理収納アドバイザーです」と紹介されたらどうでしょうか？
自分にどのように関係するのかが分かりにくく、「あ、そうなんですね、そんな資格があるんですね」で会話が終わってしまいます。

自分の活動に興味を持ってもらうには**ベネフィットを伝える必要があります**。ベネフィットとは「**得られる利益**」を指す言葉で、「金銭」だけでなく「恩恵」「便益」などの心理的、機能的な利益も含まれます。

自己紹介を2つ比べてみましょう。

> 大村と申します。
> 普段の仕事は家電メーカーのマーケティング部門で働いています。
> 会社員とは別に整理収納アドバイザーという資格を持っています。
> 10年前に家が散らかっているのがなんとかならないかなということでいろいろとインターネットを調べたら、片付けの資格があると知りまして、1年ほどかけて片付けを学んで、整理収納アドバイザーという片付けのプロ資格を取得しました。
> なにか片付けで悩んでいる方がいたらお気軽にご相談ください。

まぁ、普通ですよね。

10人いて、1人位は興味を持って話を聞きにくる程度です。

これだと、自分を紹介しているというよりも自分の説明をしているだけになってしまっています。

そして、興味を持つ人が、3〜4倍になったのがこちらの自己紹介。

片付けパパの大村と申します。その名の通り、片付けのプロ資格である整理収納アドバイザーとして活動しています。

ところで皆さんのお部屋、ついついモノが散らかってしまうこと、ありませんか？

正直、あまり良い気分ではないですよね？

私、片付けについて勉強しまして、普段皆さんが無意識にやっている「ある行動習慣」を意識するだけで、お部屋が劇的に散らからなくなる方法があることを学びました。事実、我が家はそれを意識してから本当に散らかりにくくなったのです。

その方法についてご興味ある方は、このあと名刺交換の際にでも言ってください。3分ほどでお伝えできます。

この3分で、このあとの何十年が気持ちよく暮らせるかそうでないか変わりますので、ぜひお気軽にお声がけください。

どうでしょうか？

どんなベネフィットがあるかを具体的にイメージできたのではないでしょうか？

ちなみに3分でお伝えする内容は、40ページに書いてあることです。

この自己紹介は、すぐにできるようにあらかじめ準備をしておいてください。

準備をしていないと、どういう自己紹介をしようかと頭の中で一生懸命考えてしまい、他の人の自己紹介が聞けません。それは勿体ないことなのです。

自己紹介はぜひ定形文にして、他の人の自己紹介をじっくり聞く余裕を持ちましょう。

もちろん自己紹介は、会社、副業、プライベートでは違ってくるはずです。

そのため、場に応じたパターンを考えておくことをオススメします。

私は挨拶の基本定型文もスマートフォンで確認できるように準備しています。急にお願いされても基本的には大丈夫です（笑）。

41 自分が与えられるベネフィットを相手に具体的にイメージさせる！

42

仕事の整理ができる人は「沈黙」を大事にし、できない人は「沈黙」を埋めようとする。

商談などの場で「沈黙」が訪れた時に、どうしていますか？

私がまだ社会人になりたてのころの話です。

新しく開発されたシステムについて、既存顧客への商談に上司と臨みました。

私がシステムの新機能を一生懸命に説明し、相手から質問があって、それに対して回答するという会話のキャッチボールが続きました。前向きに検討してくださっているのが伝わってきました。

そんなときに、急に相手が沈黙してしまったのです。

実際には数十秒程度の沈黙だったとは思いますが、私にとってはその沈黙が途方もなく長い時間に感じ、さらにはこの商談が台無しになってしまうのではないかという恐怖に襲われました。

そして沈黙に耐えられなくなり、説明を補足したり、なにか質問はないかを確認したりしたのです。商談の終了時刻となり、一旦検討するというのがその日の結論となりました。

その帰り道に上司から、沈黙になった時の私の態度に対して

「商談の相手が沈黙になったときに、無理に話しかけたりしてはいけない」

と、注意をされました。

なぜかというと、

「相手が沈黙しているのは、こちらが話した内容を吟味している最中だから」

と言うのです。

もしも相手に疑問があれば私に質問するのだから、沈黙している（質問がない）ということは、考えている最中であると。

その相手が考えている最中に、私が説明を補足したり、質問はないかと尋ねることは、相手の思考を邪魔してしまうということなのです。

まさに「沈黙は金」です。

沈黙していると、どうしても不安になり、話したい衝動に駆られますが、ここは相手が話を始めるまでじっと待つことが大切です。

沈黙とは、こちら側から見れば「何もない」という時間が流れている状態ですが、**相手側からすれば「考えている時間」**なのだと捉えましょう。

沈黙を相手の時間と置き換えて考えればよいのです。

そうは言っても、やはり沈黙している状況になると、そわそわしてしまいますよね。

そんな時の対処方法ですが、まずは「**心の中でゆっくりと30秒数えること**」をオススメします。

私の経験上ですが、30秒以内には何かしら相手からリアクションがあります。

もし30秒以上かかりそうだと感じたら、離席するのも1つの手です。

例えば「じっくりとお考えください。少しお手洗いに行ってきますね」などと言えば、相手に気を遣わせることなく、ゆっくりと考える時間をさりげなく作れるのです。

そもそも、焦ってたくさん話したところで、逆効果になることもあります。

余計なことを口走ってしまったり、相手に突っ込まれる可能性が上がるかもしれません。

沈黙が訪れたら、相手の考えを邪魔せず、さらに相手をよく観察して反応を見てみましょう。

商談の手応えが分かるかもしれませんし、相手が欲しがっている言葉のヒントが得られるかもしれません。

42 雄弁は銀、沈黙は金。時と場合によって使い分けよう！

43

仕事の整理ができる人は相手に「質問」をし、できない人は相手に「詰問」をする。

「質問」したつもりが、相手にとっては「詰問《きつもん》」になってしまっていた、という経験はありませんか？

「質問」と「詰問」は全く違います。「詰問」はその字が表すように、相手を追い詰める質問です。詰問では、相手の考えや気持ちを聞くのはまず不可能です。

私も実際に詰問をされて、なにも言えなくなったことが多々あります。

特に「なんで？」という質問を繰り返されたときは、まるで自分の逃げ道を次々と塞がれているかのように感じて心を閉ざしてしまったのです。

何か問題が起きた場合、

「なんでできなかったのですか？」

「どうして問題が起きてしまったのですか？」

と聞くと、両方とも「あなたは」が含まれているように相手は感じます。

つまり「その人に原因がある」というニュアンスになるため、相手の考えや気持ちは引き出しにくくなります。


そもそも何をしたいのでしょう？　相手と自分で協力して問題を解決したいのですよね。

だからこそ、

「何が妨げになっていたのでしょうか？」

「何があったら問題が回避できていたと思いますか？」

のような質問であれば、その人ではなくて**問題と原因に焦点を当てている**ので、相手の考えや本音を引き出しやすくなります。


私は国家資格キャリアコンサルタントとして、たくさんの方とお話しをします。

キャリアコンサルタントは仕事やキャリアの相談に乗るのが仕事です。

しかしその相談をするうえでも、まずはその人の考え方や根底にある価値観、どうありたいかということを引き出すことが大切です。それを踏まえて仕事やキャリアのあるべき姿を描いていくのです。

その時に重要なのは、**相手に寄り添い、良い質問を投げかけること**です。上手に質問し、話を聴くことで、相手自身も気づいていなかった本当の価値観が出てくることもあるのです。

質問が詰問になっていないかを確認するためには、特に相手の反応を観察しながら質問をすることが大切です。質問に対してすぐに早口で回答したり、表情がけわしくなったり、などの反応をみせた場合は、詰問になってしまっている可能性があります。

その際は、ちょっと心を落ち着かせ、ゆっくり柔らかく話しましょう。そして相手の話を、気持ちも含めて全部聞き、理解を示したうえで質問をするのです。

また質問の方法にも2つあります。

●クローズドクエスチョン

これは「はい／いいえ」「A／B／C」という選択肢を提示するので、比較的簡単に答えることができ、相手のストレスや負担も少なくなります。ただし、あまりにも繰り返すと視野が広がらず、詰問しているような感覚にもなるので注意が必要です。

●オープンクエスチョン

これは「どう思いますか？」などの質問です。自由に回答できるので、相手の気持ちやそれに至る背景を引き出すのに向いています。

ただし、あまりにも繰り返すと相手の負担になることもあります。

この2種類の質問をバランスよく織り交ぜながら、詰問にならないように意識しましょう。

43
相手に寄り添い、成長を促すような質問をする！

第 6 章

決断力・集中力UP！
「思考の整理」編

44 仕事の整理ができる人は4つの目で考え、できない人は1つの視点だけで考える。

ビジネスを考えるにあたり、複数の視点で物事を考えることが大切です。

私は以前システムの販売をしていた時に、当時の上司から、「大村さんの考え方は『木を見て森を見ず』の典型です。ビジネスの細部だけに気を取られすぎていて、ビジネスの全体像を見失っていますよ」と、何度も注意されました。

当時の私は、担当するシステムの利用者数や売上などの状況報告ばかりをしていました。上司から「現状のことは良いとして、今後このシステムを大村さんはどうしていきたいの？」と質問されたときに、回答ができなかったのです。

上司の期待としては、もちろん現状の売上も大事だけど、

「会社や世の中にとってどういう位置づけなのか？」

「今後そのサービスをどう進化させていきたいのか？」

「環境要因として、何か機会や脅威はないのか？」

というような視点でもビジネスを考えて欲しいということだったのです。


そのときに上司に紹介されたのが、「虫の目、鳥の目、魚の目」という視点です。

●**虫の目**：深く、細部にわたってさまざまな角度から物事を見る
●**鳥の目**：高い位置から広い視野を持ち、俯瞰《ふかん》して大局を見る
●**魚の目**：時系列的変化、歴史や習慣などの流れを見る

さらに変化の激しい現代においては、4つ目の視点として
●**コウモリの目**：物事を反対側から見て発想を転換させる
という考え方も出てきています。コウモリのように逆さになって世界を見渡すと、固定観念に縛られない発想ができるというのです。

私が片付けのプロである「整理収納アドバイザー」として、初めてサービスを企画した

ときの経験で、4つの視点を解説してみましょう。

●虫の目

・お客様は現状どうやって片付けをしているのだろう?
・片付けのサービスをどうやって認知し、どういう基準で選ぶのだろう?

●鳥の目

・この市場規模はどのくらいあるのだろう?
・競合サービスはどのようなものがあるのだろう?

●魚の目

・今後はモノだけでなく、データの整理もニーズがでてくるのでは?
・高齢人口が増えているので、実家の片付けのニーズが増えるのでは?

●コウモリの目

・片付けの際でも実は自宅に入られたくないのでは？

これらの視点を踏まえて検討した結果、「ビジネスパーソンをターゲットにして、自宅に訪問するのではなく、オンラインでカメラをオンにしていただいて部屋の現状を把握し片付けのアドバイスをする」というサービスが生まれました。またモノだけでなくパソコン内のデータの整理についてもアドバイスをするようにもなりました。

この視点は「今後の人間関係をどうしたいか？」「定年退職後に何をしたいか？」などの仕事以外問題でも役に立ちます。

仕事でも人生でも、偏りなく4つの視点を使ってみましょう。

44 仕事も人生も、さまざまな視点で物事を考える！

45

仕事の整理ができる人は不安な時に「言語化」し、できない人はモヤモヤと「思考」する。

ふとした瞬間に、「あれをやっておけばよかった」など悶々《もんもん》と考えてしまうことはありませんか？　私はこう見えてとても繊細なので（笑）、人から言われたことや自分の行動に関してモヤモヤしてしまうことが多いです。

そんな私でしたが、ある方法で不安やモヤモヤから早く抜け出せるようになりました。

それは「**言語化**」です。

やり方は簡単で、**ノートやチラシの裏などに、自分が思っている感情をどんどん書き出していく**のです。丁寧に書く必要はありません。

とにかく脳の中にある不明瞭なものを言葉で表現していくのです。

実際に心理学やカウンセリングの現場では、書き出すことの有効性が認められています。

これは**「ジャーナリング」**と言われます。頭に浮かんだことをどんどんと書き出すだけで、**悩みやモヤモヤを客観的にとらえたり、新たな気づきをえることができ、ストレスの対処法として有効**です。

この「書き出す」ことを通じて、自分の思考や感情を客観的に捉えなおし、整えることができます。片付けの「整理」と同じで、まずは思考や感情を全て出しきるのです。

特に決まった方法があるわけではないので、まずは書き出してみることが大事です。

テキサス大学のジェームズ・ペネベーガー博士の実験を紹介します。

被験者に対して、毎日、仕事が終わった後や寝る前に、自分の感情を20分間「書き出す」ということをしてもらいました。

その結果、メンタルが強くなり、ストレスが大幅に減ったとのことです。

紙とペンさえあれば、いつでもどこでも一人でできるので、この「書き出し」はオススメです。

また他人に話すことも、モヤモヤを整理するのに有効です。

私は国家資格キャリアコンサルタントであり、仕事やキャリアの相談に乗っています。

特にクライアントの方が感じているモヤモヤについて、質問を繰り返したりしながら、モヤモヤの原因や感じていることなどを言語化するお手伝いをしています。

そして、クライアントが思い描いている自分のありたい姿を明確にしていただきます。

次に、現在とありたい姿とのギャップに気づいてもらい、これからどうすればよいかを改めて考えてもらうのです。

自分の思いや感情を言語化することで、今まで脳内でモヤモヤしていたものが、急に解像度が高くなって腑に落ちたりします。

余談ですが、最近は生成ＡＩが広がってきました。

私が試しているのは、生成ＡＩ相手に悩みなどを相談することです。もちろん、ちんぷんかんぷんな回答をされることもありますが、それによってまた新たな気づきもあったりします。

AIの良いところは、人には言いにくい悩みも相談できることですね。まだまだ実験的にはじめたばかりですが、意外と使えるのではないか、と感じています。

あなたも、なにか悩みを抱えたら、まずは言語化を試してみませんか？

45 まずは感情を言語化してみる！

46

仕事の整理ができる人は「最新学習歴」を意識し、できない人は「最終学歴」にこだわる。

大人になってから、何か新しいことを学んでいますか?

あなたは今、この本を読んでくださっています。しかしながら昔に比べて本を読まなくなったという声はよく聞きますし、世界的に見ても日本のビジネスパーソンは圧倒的に学びの習慣がないと言われています。

社会人になると「○○大学出身です」という最終学歴をアピールする人が時々います。自分を学歴によって守ろうとする「防衛本能」が働いているのかもしれません。

確かに最終学歴は、就職で有利に働く傾向はあります。しかし、それに胡坐《あぐら》をかいてその後の勉強を怠っていたのでは、あっという間に取り残されてしまいます。

あなたは、「**最新学習歴**」という考え方をご存じでしょうか？

「最新学習歴」とは「学習学」の提唱者であり京都芸術大学　客員教授の本間正人先生の言葉です。「過去に得られた能力の証明より、現在や未来に使える能力の獲得が人生100年時代には必要」ということです。

私は本間先生のこの考え方に非常に共感し、常に「最新学習歴」を更新することにしました。最新学習歴と聞くと、「社会人大学院などに通わなければならないの⁉」と思う方もいますが、そうではなく、**自分で新しいことを学べば十分**です。私が具体的に試してみてオススメする最新学習歴は3つです。

●読書

これは一番手軽にできる方法ですよね。

事実、あなたは今読書をしていますし、これを通じて何らかの学習をしていることになります。

ちなみに読書の方法については、132ページに詳しく記載しましたので読んでみてください。

●セミナー受講

昔はセミナーや研修というと、わざわざ会場に行く時間や労力、そしてお金がかかっていましたが、今では、多くのオンラインセミナーが気軽に受講できるようになりました。これを利用しない手はないでしょう。でもたくさんありすぎて受講（視聴）する時間がないという声もよく聞きます。

私の場合は、録画提供されるセミナーは基本的にあとから録画視聴をしています。倍速で視聴したり、わからないところは何度も繰り返して視聴するなど、効率よく学習することができます。

●資格取得

こちらも、ある分野に関する基本的な知識を勉強し、そのスキルや知識を対外的に証明するという観点では有用です。私も、片付けのプロ資格である「整理収納アドバイザー」や、キャリアの相談のプロフェッショナルである「国家資格キャリアコンサルタント」を取得し、活用しています。

ただし、ここで重要なことは、資格取得を目的にしないことです。

私が資格についてアドバイスをするのは1つだけです。

「その資格を取った次の日に、あなたはその資格を生かしてどのような活動をしますか？」

これに明確に答えられないのであれば、あなたの資格はただの自己満足に終わってしまう危険性があります。

このように最新学習にはいろんな方法がありますが、常に自分をアップデートすることを意識していきましょう。

46 いろいろな方法で積極的に「最新学習歴」を更新する！

47

仕事の整理ができる人は「If-Then ルール」を使い、できない人は考え続ける。

まだ起きていないことに対して、不安や心配といったネガティブな感情を抱くことはありませんか？

「あの提案書、取引先から断られたらどうしよう……」

「自分の意見を言い過ぎたかもしれない、メンバーはどう思っているんだろう……」

「今日受けた資格試験、落ちてたらどうしよう……」

そのようなとき、あなたはどのように対処していますか？

私も、将来に対して不安になることが多く、気の休まらない日々を過ごしていました。

でも、そんなネガティブな感情を手放すのにオススメな思考法を知りました。

それが「**If-Then ルール**」という思考法です。

簡単に言えば、

「**もし（If）この状況が起きたら、それ（Then）をする**」

というルールを決めることです。例えば、

「毎晩11時になったらベッドに入り、30分読書する」

のような、好ましい習慣化や目標達成に有効なメソッドなのですが、これを「不安解消」にも応用できるのです。

以前ある交流会で、名刺交換をした際に、私のサービスに興味を持ってくれた方がいました。

詳細を伝えるために早速翌日にメールを送りました。

「昨日お話ししたサービスの詳細です。

ご興味あるようでしたら説明に伺いますのでご検討よろしくお願いします」

と書いて送りました。

でも、メールを送った瞬間から、いろいろな不安がはじまります。
・相手にとって提案が全く響かない内容だったのかも……
・そもそもあれは社交辞令でメール自体も送って欲しくなかったのかも……
・返信するのが面倒くさいと思っているのかも……
など、ネガティブな感情になってしまうのです。

でも、そんな不安・心配を持ち続けるのはもったいないことに気がつきました。
ネガティブな感情に浸って、良い方向に向かうのであれば良いのですが、結果は変わりません。それであればモヤモヤする時間は無駄ですから、さっさと手放すべきです。

それからは、このようにメールを書くようにしました。
「昨日お話しした商品の詳細です。
ご興味あるようでしたら説明に伺うこともできますので、
○月△日までに返信いただければ幸いです。ご興味なければご放念くださいませ」

「○月△日までに」といれることで、ルールを決めやすくなります。

「もし（If）興味あるという返信があれば、それ（Then）説明に伺う」

「もし（If）興味なし、もしくは○月△日までに返信すらなければ、それ（Then）は縁がなかったとあきらめる」

このようにルールを決めておくことで、未来のことに対してネガティブな感情を抱いてしまいそうになっても、やることが決まっているので悩むことがなくなるのです。

そうすると、他のことに時間と感情を使えるようになるのです。

この方法は、将来の不安や心配だけでなく、怒りや悲しみなどの幅広いネガティブな感情への対処としても応用できます。

47 「If-Thenルール」で、ネガティブ感情を手放そう！

48

仕事の整理ができる人は「好き」を意識し、できない人は「スキル」を意識する。

あなたがスキルを取得する際に意識していることはなんでしょうか？

実は大事なことは**「好き」かどうか**です。

私は10年ほど前、このままスキルアップをしなければ大変なことになると感じ、ある国家資格（合格率は4～5％）にチャレンジしたことがあります。

それは、ビジネスコンサルタントの資格です。なんとなくコンサルティングなどをやっていきたいなと考えていたとき、資格学校のパンフレットでその資格を知りました。

ハッキリとした目標があったわけではなく、この資格を取っておけば役に立つかもと思ったのです。

そして半年ほど勉強しましたが、まったくモチベーションもわかず、試験にも落ちてしまいました。

そもそも「スキル」とは、特定の技術や知識を習得することです。

・コミュニケーションスキル
・プログラミングスキル
・英語スキル

などたくさんあります。
どれも、ないよりかはあったほうが良いのですが、スキルを取得するには、それなりの時間やお金、そしてモチベーションが必要です。

一方で「スキ（好き）」は、自分自身が興味や情熱をもって取り組めます。
そして自分が本当に好きなことに没頭すれば、それが結果的にスキル取得になることもあるのです。

数年前、私の知り合いが「リーダーシップのスキルをつけたいのに、それを学ぶ研修やワークショップに通うのが苦痛だ」と愚痴をこぼしていました。

それに対して「あなたが本当に好きなことは何ですか?」と聞いてみると、「休日にボランティアで活動しているジュニアサッカーチームの監督だ」と答えました。

それであれば、そのサッカーチームで、例えばキャプテンの子がリーダーシップを取るにはどうすればよいかを考えてみてはいかがですか? とアドバイスしました。

そうすると、その方はキャプテンの子にどんなアドバイスをすればよいかと、様々な文献を調べたり、うまくできている人に聞きに行くなど、積極的に行動し始めました。そのうちにリーダーの子もだんだんとリーダーシップが取れるようになったそうです。

そしてそれを自分の職場でも試したところ、リーダーシップスキルが身についてきたそうです。

このように、自分が**好きで熱中していることに、習得したいスキルの要素を組み合わせる**ことで、いつの間にかそのスキルが身につくようになります。

48 スキルは「好き」なことを通して身につける！

私も毎月のように対談セミナーを好きで開催していますが、企画・運営の段取りのスキルや、タイムマネジメント、ファシリテーション、傾聴などのスキルを磨けるようになりました。

これは好きだからこそ、いろいろと思考錯誤した結果、身につけられたのです。

なので、まずは自分の好きなことに対して、その中で育てられる、学べるスキルがないかを意識していきましょう。まさに「好きこそものの上手なれ」なのです。

49

仕事の整理ができる人は4つの「あ」を意識し、できない人は誰かをあてにする。

5年前、当時会社員だった友人が独立をして、素敵な飲食店を開業しました。遠方ではありましたが、私もメニューを考えたり、集客などの手伝いをしていました。軌道にのるまで大変そうでしたが、今ではテレビの取材を受けるほどの繁盛店になっています。

最近その友人に会ったときに、開業当時を振り返っての苦労話をしてくれました。特に、うまくいかなかったときに意識すべき、**3つの「あ」**、という話が印象的でした。これはいろんなことに共通する内容で、私も意識するようにしています。

3つの「あ」とは「**あせらず**」「**あわてず**」「**あきらめず**」です。

これはパナソニックを創業した松下幸之助さんの言葉です。

「努力をしていてもなかなか成果が現れてこない。いらいらがつのる。投げ出したくなってくる。しかし、そんな時こそ心を乱さず、地に足をつけて努力を重ねたい。あせらず、あわてず、あきらめず、仕事でも人生でも一歩一歩着実な歩みを心がけたい」

仕事でも人生でも、一喜一憂せず、粘り強く着実な歩みを心がけたいということが大切ということだと思います。

当時友人は、開業したばかりの店を知ってもらうのも一苦労だったそうです。店のチラシを作って近所にポスティングしたり、来店したお客さまには次回使えるクーポンを配ったりしましたが、ほとんどお客さまが来ませんでした。そして生活費にも困りはじめていたのです。

でも、その時に先ほどの松下幸之助の言葉を思い出して頑張ったそうです。

お金がついてくるようになるには、多くの場合、長い時間、長い年月がかかります。ほんの数年頑張ったところで、収入が安定するのは難しいものです。

その友人が、自らの体験から得られたもう1つの「あ」を教えてくれました。

それは
「**あてにせず**」

ということです。

友人は飲食店を開業すると決めた時に、会社の同僚や友人などから
「お店出したら、絶対に行くよ」

「知り合いに宣伝しておくよ」

と、たくさん言われたそうです。

しかし、本当に来店したのは、ほんの一握りでした。


でも、「人ってそういうもの」だと思って、あてにしてはいけないのです。

「来てくれるって言ってくれていたのに……」と悲観してはいけません。

その時は、確かに行く気持ちでいてくれたのですから。

ただ、時間が経過してしまった、環境が変わっただけなのです。

だから、「あてにしない」で計画することは大切です。

ということで、4つの「あ」

・あせらず
・あわてず
・あきらめず
・あてにせず

を意識していきましょう。

そして本当に力を貸してくれた人には、感謝の気持ちを伝え、特別なおもてなしをしてください。

49 人の助けをあてにせず、できることをやる！

50 仕事の整理ができる人はぼーっとし、できない人はひたすら考え続ける。

新しい企画やアイデアを考えなければいけないとき、まったく思いつかずに悩んでしまうこと、ありませんか？

新しい企画やアイデアを考え、それを形にすることは非常に大変です。

「この商品を売り出すにはどうすればよいだろうか？」

「この問題を解決するにはどうしたらよいだろうか？」

一生懸命考えても、なかなか良い考えが浮かばないことも多いと思います。

そもそも、頭が疲れてしまいませんか？

一生懸命考えれば考えるほど、脳が疲労し、重たくなります。

疲れた脳を酷使しても良いアイデアが見つからず、ますます焦ってしまいます。

そんな時、私は「考えることとやめる」ことを意識します。

要するに**考えることを一旦忘れ、脳を「ぼーっ」とさせる**のです。

皆さんは、心理学や脳科学で言われている**「空白の原則」**をご存じでしょうか？

「空白の原則」とは、**「脳は空白を埋めるように自然と努力する」**という原則です。

ここでいう空白とは、〝わからないこと〟です。

つまり、人間の脳は「わからない」ことが大嫌いなので、わからないことがあると自然とわかりたくなる。**意識していなくても潜在意識下で答えを探し続ける、**というのです。

意識には、顕在意識と無意識（潜在意識）があります。顕在意識の元では考えが行き詰っても、その顕在意識が弱まったときに、潜在意識がより活発になり、アイデアが浮かぶことがあるのです。

まずは、アイデアを出すための下準備として、問題を自分に問いかけてみてください。（実際に声に出してみるとより良いそうです）

次に関連するワードや目的、うまくいっているイメージなどを紙に書き出してみます。そして考えて考えて、それでも答えが見つからない（＝顕在意識で行き詰った）場合には、潜在意識を利用してアイデアを出すために、考えることを一旦やめて、脳を「ぼーっ」と放置させるのです。

公園の芝生でぼーっとしていたり、お風呂に入っていたり、単純作業の家事（皿洗いや風呂掃除）などをしていると、今まで思いつかなかったようなアイデアがふと浮かんでくることがよくあります。潜在意識が活発化したのです（実は、この書籍の半分ほどのテーマも、そうやって書き上げています）。

自分の呼吸や雨だれの音など、単調で刺激の少ないものに意識の対象を向けてみましょう。

また、洗濯物を干したり、たたんだりなどの単純作業、散歩、景色を眺めるなどもオススメです。

50 何も思いつかないときは、あえて考えることをやめてみる！

皆さんも、考えても答えが見つからない時、考えることを一旦やめて、脳に休息を与えませんか？

休息をとりつつも潜在意識は働いているので、きっと良いアイデアがふっと湧いてくることでしょう！

おわりに

最後までお読みくださり、ありがとうございました。

「整理ができる人」になれそうでしょうか？

本書によって新たな習慣を身につけたいという気持ちが芽生えたのなら、著者としては大変うれしく思います。


そしてビジネス書は読むことが目的ではありません。

読み終わってから行動することが大切です。本書で紹介した習慣のうち、これは使えそうというものを、1つでも良いので試してみてください。うまくいったら続けて、その習慣を自分のものにしましょう。


私は、3つの「間」が大切だと思っています。

それは、空間・時間・仲間 です。

本書では、

「空間」を整理するための「片付け」

「時間」を整理するための「タイムマネジメント」

「仲間」を作るための「コミュニケーション」にて取り扱っています。

そして、人生を本当に豊かにしてくれるのは「仲間」だと思います。

出版にあたり、本当にたくさんの「仲間」にお世話になりました。

関わってくださった全ての「仲間」に厚く御礼申し上げます。


とはいえ、私もまだまだ整理ができていないことがたくさんあります。

本書を手にしてくださった向上心のある皆さんを見習って、もっと「整理ができる人」になるように励みたいと思いますので、「仲間」としてお互いに成長していきましょう。

あなたの仕事もプライベートも整理され、さらに好転することを願っています。

2024年11月　大村　信夫

＜ご案内＞

本書の著者が、講師として講演会や研修に伺います。

「片付け」「5S」だけでなく「情報の整理術」「仕事や家事の生産性向上」「タイムマネジメント」「パラレルキャリア」「価値観探究」「男女共同参画」などの多岐にわたるテーマで活動しています。
また企業向け・個人向けのコンサルティングや取材、執筆なども対応可能です。

＜講演・研修テーマ例＞

◆「仕事の生産性を飛躍的に向上させるモノと思考の整理術」
～物理的な整理をベースにした思考とタイムマネジメント方法～

◆「仕事の生産性向上につながる情報整理術」
～効率的・効果的な情報の収集 / 分析 / 活用方法～

◆「人生 100 年時代のパラレルキャリアと自己実現」
～人脈・スキル・経験ゼロから企業講演や商業出版を実現した方法～

◆「自分 OS アップデート」
～価値観からはじめる人生 100 年時代のサバイバル術～

◆「片付けパパの 人生を整え 夢を実現する 片付け習慣術」
～モノを整理することで人生全体に好循環が生まれる理由～

◆「家族の笑顔と時間の増やし方」
～家事の生産性向上とタイムマネジメント～

など、上記以外のテーマやカスタマイズも承っております。

▼大村信夫 公式ホームページ

https://omuranobuo.net
講演内容、講演実績（企業／自治体／学校等）
取材実績、コンサルティング内容など

公式ホームページでご案内しているフォーム／メールからお問い合わせください。

本ページの内容は、著者の大村信夫からの案内となります。
お問い合わせは明日香出版社ではなく、大村信夫へお寄せください。

著者
大村　信夫（おおむら・のぶお）
青森県三沢市生まれ。静岡県掛川市にて育ち、現在は東京都在住。
共働きで3児（大・高・中）の子育てパパ。

国立大学法人東京農工大学卒業後、家電メーカーに入社。現在もフルタイムで勤務しながら「片付けパパ」として活動。モノを整理することで「心」や「思考」も整理され、プライベートや仕事の進め方、人間関係など人生全体に好循環が生まれるオリジナルメソッドを提唱。これまで企業を中心に「片付け」「仕事の生産性」「キャリア」などのテーマで3万人以上が受講し、満足度（5段階評価4以上）は96%を超える。
新聞や雑誌をはじめメディア取材、執筆など幅広く活動中。

●主な著書
『片付けパパの最強メソッド　ドラッカーから読み解く片付けの本質』（インプレス）
『きほんから新発想まで　家事ずかん750』（朝日新聞出版）監修

●公式サイト
https://omuranobuo.net

仕事の「整理ができる人」と「できない人」の習慣
2024年11月20日 初版発行

著者　大村信夫
発行者　石野栄一
発行　明日香出版社
〒112-0005 東京都文京区水道2-11-5
電話 03-5395-7650
https://www.asuka-g.co.jp
デザイン　lilac　菊池 祐
組版・校正　株式会社 RUHIA
印刷・製本　シナノ印刷株式会社

ISBN 978-4-7569-2367-7

本書もオススメです

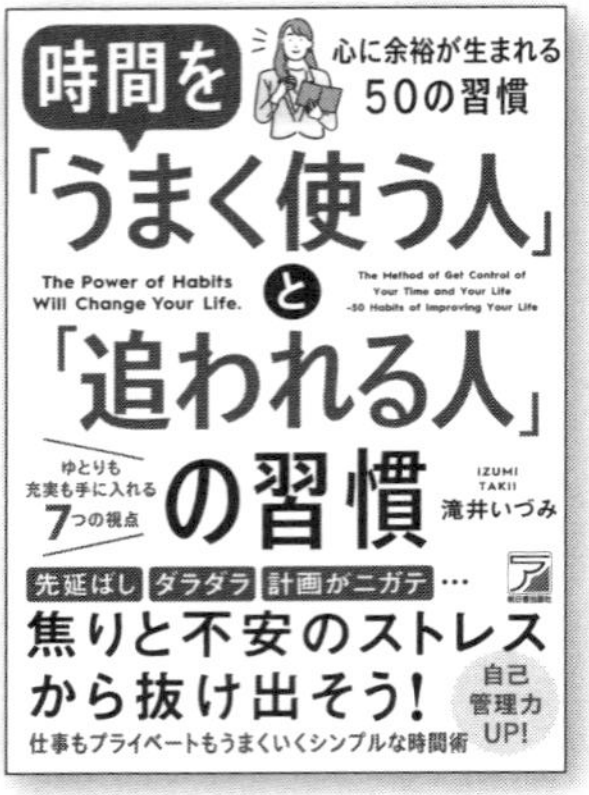

時間を「うまく使う人」と「追われる人」の習慣

滝井いづみ・著

1600円(+税)
2022年発行
ISBN978-4-7569-2243-4

「時間に追われる日々」を
「充実した毎日」に変える50のコツ

「いつも仕事に追われている」「本当にやりたいことのための時間がない」と悩んでいる人に向けて充実した毎日を送るための時間の使い方を教えます。

考え方・環境・スケジュール・効率化・メンタルといった様々な視点から解説し、仕事にもプライベートにも役立ちます。

本書もオススメです

やる気ゼロから フローに入る 超・集中ハック

伊庭正康・著

1600円（＋税）
2023年発行
ISBN 978-4-7569-2275-5

瞬間没頭で、ダラダラしない！

現代は、とにかく集中しづらい時代です。あらゆる媒体から流れてくる情報に振り回されずに、日々増えていく仕事を効率よくこなすことが求められています。本書は、そんな状況で集中力が続かず悩んでいる人に向けて、すぐにできる集中力を上げるコツを、１冊にまとめました。

本書もオススメです

「すぐやる人」と「やれない人」の習慣

塚本亮・著

1400円(+税)
2017年発行
ISBN978-4-7569-1876-5

偏差値30台からケンブリッジへ。
心理学に基づいた、行動力をあげる方法!

成功している人、仕事の生産性が高い人に共通する習慣のひとつに「行動が早い」ということがあります。彼らの特徴は気合いや強い意志ではなく「仕組み」で動いていること。つまり、最初の一歩の踏み出し方が違うのです。すぐやることが習慣になれば、平凡な毎日が見違えるほどいきいきしてきます。